KB170707

✚

건강해지니 감사합니다

당신이 건강하고 치유되기를 바랍니다.
우리의 몸과 마음, 감정과 정신이 치유받기를 원합니다.
약하고 병든 그 자리에
새로운 건강한 면역세포가 자라게 해 주세요.
이미 깨끗이 치유되었고 더욱 튼튼해질 것을 믿습니다.
당신이 장수하길 기원합니다.

코로나19 이기는
NK면역 주치의

정병태 지음

한덤북스

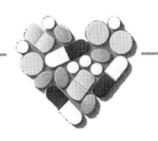

의사도 할 수 없는 것을
태초부터 스스로 자신의 몸을 치유할 수 있다.

- 자기치유력

코로나19로 나는 큰 배움을 얻었다.

나의 일상에서 건강에 대한 관심이 높아졌으며 나 스스로 생활면역력을 키워야 앞으로 몸을 해치는 바이러스를 이길 수 있음을 배웠다.

코로나19는 평소 생활건강을 돌보지 않았던 사람들에게 건강관리가 얼마나 소중한지를 알려주었다. 그리고 하루하루가 기적이었다.

나는 힘껏 다짐했다. 앞으로 더 긍정적 마인드와 건강한 생활습관을 실천하는 힘을 기르겠다고. 그간 잘못된 생활습관이나 지나친 업무 스트레스, 인간관계와 문제들이 나의 몸과 마음의 균형을 무너뜨리는 요인이었다. 사전에 예방하여 웰빙적 삶을 실천하겠다. 프랑스의 철학자 루소의 <고백록>에 나온 것처럼 '세상의 소란스러움'에서 멀리 벗어난 고요한 산책의 삶을 누리려 한다. 독일의 철학자 니체도 '진정 위대한 모든 생각은 걷기로부터 나온다'라고 말했다.

국민 100세 건강의 일환으로 100세 생활건강혁명 프로젝트를 나누고 있다. 일찍이 자기치유력과 건강관리사 교육 그리고 생활건강 창업에 전념하고 있는 정병태 박사의 책에 추천의 글을 쓸 수 있어 무척이나 행복하다.

특히 스스로 생명을 지키는 면역력, '코로나19 이기는 NK면역 주치의'라는 멋진 책을 읽을 기회를 주셔서 감사하다.

나는 원고를 읽었고 그의 교육을 받아보았다. 생동감 넘치는 힐링의 시간이었다.

이 책은 우리가 일상생활에서 흔히 접할 수 있는 100세 건강을 재밌고 알기 쉽게 설명하고 있다. 누구든 쉽게 자기면역력을 보강하는 생활건강 비결이 담겨 있다.

잘못된 생활습관을 바꾸어 저하된 면역력을 회복시키고 건강하게 오래오래 살도록 도와주는 실용적 건강생활 지침서이다. 꼭 읽기를 강력하게 팍팍 권한다.

(주)건설종합기술원
한국건설방송신문
1인창업경제개발그룹
(주)삼도봉건강100
대표 **심인보** 회장

삶의 가장 큰 갈망이 성공, 돈, 지위나 섹스에 있는 것이 아니다. 사람들은 그 모든 것을 얻고 나서도 성에 차지 않는다. 그래서 값을 매길 수조차 없는 건강하게 오래 사는 것이다.

나는 신종 코로나19 바이러스가 일어나기 전부터 대한민국 건강 프로젝트 일환으로 심신치유와 100세 생활건강 강의를 즐겨왔다. 특히 박사 학위(Ph.D) 논문에서 스트레스와 우울증 치유에 관해 연구를 하였다.

건국 이래 전례 없는, 핵전쟁의 숫자보다도 더 파급력이 센 죽음의 공포로 몰아넣은, 14세기 흑사병보다 더 큰 재앙을 맞았다. 그 놈은 신종 코로나19 바이러스이다. 이 감염증은 쉽게 가라앉지 않을 전망이다. 어쩌면 더 강도가 센 바이러스가 올 수도 있다. 앞으로 우리는 평상시 건강 수칙들을 익히고 일상에서 작용하며 살아야 건강한 체질이 된다.

감사하다. 처음부터 신이 인간에게 부여한 자기치유력!

우리는 모두 신의 선물을 받았다. 요즘처럼 '면역력'이라는 말을 많이 접했던 시간은 없었을 것이다.

우리 생활에서 면역건강에 대한 관심이 매우 높아졌고, 누구나 면역세포가 우리 몸에서 가장 중요한 주치의 역할을 담당하고 있음을 다 알고 있다. 그런데 장기적인 병의 예방과 치유는 쉽게 우리의 생활방식을 바꿈으로써 가능하다. 신은 우리의 몸을 자신의 힘으로 스스로 치유하도록 만들었다. 누구든 올바른 생활습관을 실천하고 신의 선물인 면역력을 활성화한다면 질병의 예방과 치유가 가능하다.

이 책은 100세 국민건강을 위한 천수누리 건강 프로젝트의 일환으로 건강과 웰빙 혁명을 돕고자 100세 생활건강을 연구하였고 정의한 내용들을 정리하여 책을 내게 되었다.

특히 신이 내려준 자기치유력으로 코로나19를 이기는 NK면역 주치의로 활동하고자 함이다.

코로나19 이기는
100세 생활건강 혁명 포럼연구소
정 병 태 박사

+ 차 례

〈사무엘 크로스 박사의 해부학 교실 '크로스 클리닉'〉

토마스 에이킨스, 1875년, 캔버스에 유채, 240×200cm,
미국 펜실베이니아 필라델피아 미술관 소장

오늘날 미국 펜실베이니아 필라델피아 미술관 최고의 작품으로 주저 없이 토마스 에이킨스(Thomas Eakins)의 <크로스 클리닉(The Gross Clinic)>을 꼽는다. 이 작품은 70세의 노 교수 사무엘 크로스 박사가 은퇴를 앞두고 제퍼슨 의과대학 강의실에서 수술하는 광경을 2m가 넘는 대형 캔버스에 제작한 작품이다.

세계적으로 유명한 외과 의사이자 의과대학 교수인 사무엘 크로스 박사가 제퍼슨의과대학 시술실에서 5명의 레지던트와 함께 환자의 허벅지 수술을 실습하는 장면이다. 당시 젊은 화가 지망생이던 에이킨스의 모습도 오른쪽 모퉁이에 스케치하는 모습이 보인다. 진지한 수술 침상 옆에는 아마도 환자의 어머니가 소스라치는 반응을 보이고 있다.

토마스 에이킨스(1844-1916)는 미국 화가로서 19세기 사실주의의 전통을 이어받아 최고 수준으로 끌어올렸다고 평가받고 있다. 그는 특별히 인체에 관심이 있어 살아있는 실물 습작을 보강하기 위해 제퍼슨의과대학의 해부학 강의를 듣고 마침내는 시체 해부까지 관찰하고 참여했다.

행복한 뉴스다.

과학자들은 인간의 한계 수명을 120세 정도로 보고 있다. 영국 방송 BBC는 한국인 기대수명이 90세를 넘어서는 세계 첫 국가가 될 것이라고 밝혔다. 장수국가 일본의 평균 기대수명이 2018년 기준 여성 87.32세, 남성 81.25세로 기록되었다. 하지만 한국인의 기대수명도 82.7세로 경제협력개발기구(OECD) 국가 중 상위권에 속한다. 그렇지만 고대시대 사람의 평균 수명은 26세 정도였고, 중세는 30세, 20세기에 와서야 50세를 넘었다. 그러나 요즘은 평균 80세 이상을 살고 있다.

늙지 않고 오래 사는 불로장생(不老長生)은 동서고금을 가리지 않는 인간의 욕망이다. 그래서 사람이 사람답게 사는 것을 웰빙(Wellbeing), 사람답게 죽는 것을 웰다잉(Well dying), 그리고 아름답게 늙는 것을 웰에이징(Well-aging)이라고 한다. 이 웰에이징(Well-aging)은 100세까지 '건강하고 아름답게 늙어간다'는 뜻으로 시대의 화두이다.

중국 진시황은 영원히 늙지 않고 죽지 않으려고 불로초(不老草)를 찾고자 부단히 노력했으나 뜻을 이루지 못했다. 수많은 보약과 불로장생 약재를 복용했던 진시황은 불과 50세에 사망하고 말았다. 진시황 이후에도 수많은 중국 황제와 권력자들은 불로장생 신비의 영약을 만들거나 찾지 못했다.

그럼 아름답고 젊게 늙어가는 건 어떤 의미일까?

아마도 나이 듦을 받아들이고 자신의 나이에 맞게 아름다움을 추구하며 사는 삶이다. 지나치게 외면적 젊음만을 강조하기보다 나이 듦을 자연스럽게 받아들이고 능동적으로 건강한 생활을 한다. 서울대 사회학과 박경숙 교수는 "웰에이징은 나이를 들어가는 과정을 부정하지 않고 그 속의 긍정적인 의미를 찾는 행위"라고 설명했다.

고령사회가 심화될수록 성인병과 우울증, 고독사 등 노인 문제가 심각한 사회적 문제로 대두 될 것이다. 나름 어떤 해결책을 제시할 수 있을까? 나이 듦을 거부하기보다 당당하게 받아들이는 것, 즉 노년의 삶을 편안함과 홀가분함으로 수용하는 유연한 태도가 필요하다. 나이 듦에 상관없이 섹시함을 유지하는 것이 더 중요하다.

웰에이징이 미래사회의 중요한 트렌드로 자리 잡는 것은 당연하다. 액티브한 시니어로 살아가면 청년의 웰에이징은 저절로 따라온다. 섹시함과 건강은 마음에서부터 오기 때문이다. 그러므로 능동적으로 자신의 몸과 마음을 항상 부드럽고 유연하게 움직인다(動). 이는 각자의 불로초(不老草)가

될 것이다.

　나는 100세 생활건강 혁명을 연구하면서 장수의 공통적 요인들을 모아보았다. 평소 실천해 준다면 100세 불로초가 될 수 있을 것이다.

100세 불로초(不老草)

① 옷은 밝은 색으로 하고 청결함을 유지한다.

② 표정을 밝게 하고 감사의 삶을 갖는다.

③ 끊임없이 공부하는 배움을 갖는다.

④ 고요함, 산책, 쉼, 인문학 등의 시간을 갖는다.

⑤ 화, 분노를 통제하고 불만과 잔소리는 줄인다.

⑥ 목소리는 부드럽게 하되 자신감 있는 톤으로 말한다.

⑦ 칭찬과 감사의 말을 많이 사용한다.

⑧ 꾸준히 적당한 운동으로 몸과 마음을 관리한다.

⑨ 다양한 관계와 사회활동의 참여를 통해 노년의 삶을 즐긴다.

⑩ 스스로 노인과 연관된 말을 사용하지 않는다.

(예: 노화, 고령, 늙는다, 아프다, 죽겠다 등)

⑪ 규칙적인 건강식으로 식사를 한다.

⑫ 따뜻한 물을 많이 마신다.

⑬ 손을 자수 씻고 목욕을 즐긴다.

⑭ 비타민C, 오메가3 등 건강기능식품을 챙긴다.

⑮ 몸을 항상 따뜻하게 해준다.

⑯ 한 주에 4-5일은 40분 이상 걷거나 운동을 한다.

⑰ 정기적 건강검진을 통해 몸의 상태를 파악한다.

⑱ 감사한 마음으로 감사쓰기를 실천한다.

이처럼 평상시 100세 생활건강 혁명을 위해 일상생활을 즐기며 올바른 식습관과 생활습관이 중요하다. 결국 젊게 사는 것은 스트레스를 덜 받으려 노력하고 부정적인 생각은 하지 말며 사소한 것에도 감사하며 긍정적으로 살려고 해야 한다. <걸리버 여행기>의 저자 조나단 스위프트는 "누구나 오래 살고 싶어 한다. 그러나 누구를 막론하고 나이는 먹기 싫어한다"라고 하였다. 한마디로 잘 늙어가는 것, 100세 웰에이징은 나이 듦을 순응하면서도 젊게 사는 것이다. 이제 100세 건강혁명의 참 행복은 건강하고 젊게 웰에이징의 삶을 누리는 것이다.

Chapter 1

코로나19 이기는 예방 대응
코로나19를 멸하는 NK면역 주치의

코로나19

건강하게

예방하고 극복하기

코로나19를 멸하는
생활건강 백신

✚

긴급 뉴스(2020.8.22 영국 BBC 방송)

**"신종 코로나바이러스 사라지지 않은 채,
인류와 영원히 함께할 수 있다."**

- 영국 마크 월포트 과학자

코로나19가 확 바꿔버린 문화

사스와 메르스를 훨씬 능가하는 코로나19 바이러스가 전 세계적으로 확산되고 있다. 역사상 유례가 없는 전염병이 이토록 빠른 확진자와 사망자 증가는 없었다. 직장, 학교, 경제적인 활동이 마비되면서 전 세계인들을 공포로 몰아넣고 있다.

프랑스 역사적 인물 가운데 가장 위대한 사람을 뽑는 투표에서 나폴레옹과 파스퇴르 중 누가 뽑혔을까? 수천만 명의 생명을 앗아가는 전염병의 위협으로부터 인류를 해방시킨 세균학의 아버지 루이 파스퇴르(Louis Pasteur, 1822-1895)가 진정한 영웅이었다. 그런데 파스퇴르는 의사가 아니면서 의사보다 더 많은 사람을 구한 과학자다.

14세기 중엽, 유럽을 강타한 흑사병(페스트·Black Death)은 중세사회를 근본적으로 뒤흔든 엄청난 사건이다. 유럽인구 2/3 정도로 줄었다. 그런데 프랑스 화학자 루이 파스퇴르가 발병 원인과 치료법을 찾아냈다. 흑사병(전염병)은 페스트의 일종으로, 폐에 병균이 침입하는 폐페스트를 말한다. 우선 감염되기 시작하면 고열이 치솟고 피를 토하고 호흡 곤란을 일으키면서 정신을 잃게 된다.

AD 9세기 무렵 바이킹들이 괴혈병(전염병)에 걸렸고, 13세기 십자군 사이에도 괴혈병이 만연했다. 이 괴혈병은 전 세계적으로 활개를 치며 세력을 떨친다. 18세기에는 영국에도 괴혈병이 돌았다. 당대의 학자와 지식인들은 괴혈병을 막을 효과적인 방법을 찾았다. 1937년, 노벨상 위원회는 헝가리 출신의 생화학자 알베르트 센트죄르지(1893-1986)에게 괴혈병 원인물질을 밝혀내고 비타민C를 발견 공적을 인정하여 노벨 생리학·의학상을 수여했다.

　　전 세계를 마비시키고 있는 코로나19가 확산되고 있는 이 시기에, 우리의 생활패턴과 위기의식을 갖고 사회 모든 분야에서 급격한 생활의 변화를 가져야 한다. 이제 코로나19 예방하기 위해 마스크를 착용하는 문화 속에서 앞으로 나아가는 건강한 생활습관을 누려야 한다.

공적 마스크 5부제

코로나19 예방 마스크

코로나19의 습격,
알아야 살아남는다

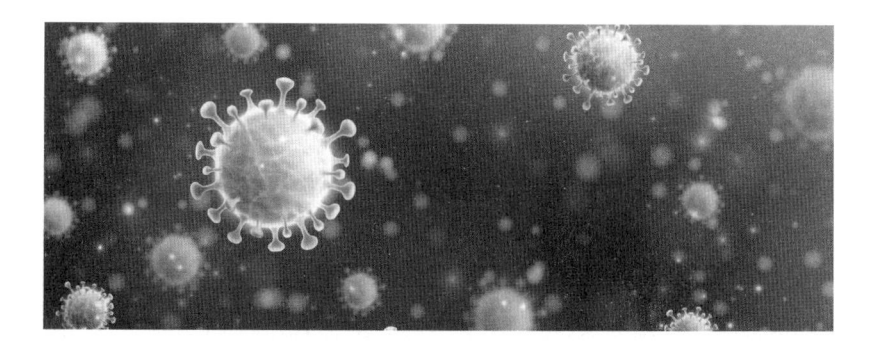

신종 코로나19 바이러스가 온 세상을 화마(火魔)처럼 덮었다. 그 기세가 꺾이지 않은 상태로 더 확산되고 있다. 세계 경제는 대공황을 눈앞에 두고 있다. 그래서 미래학자가 아니더라도 코로나19 이후의 세계는 그 이전과는 절대 같지 않을 것이라고 단언할 수 있다.

코로나19는 우리 삶의 가장 기본적인 만남에 대한 개념을 확 바꿔버렸다. 그리고 근무와 일하는 방식이 달라졌다. 타인과의 접촉을 기피하게 되었다.

지금은 코로나19로 그동안 너무도 당연시 여겨 왔던 삶의 양태를 근본적으로 바꾸어 놓았다. 요즘 사람들이 모인 곳에서 2-3시간마다 외치는 소리가 있다. "환기하기 위해 문을 열겠습니다.""마스크를 착용해 주십시오."

이 책을 쓰고 있는 지금, 코로나19에 대응할 수 있는 백신이나 치료제는 아직 없다. 그렇다고 백신이 없는 상황에서 막연한 공포나 걱정만을 할 수는 없지 않는가. 그래서 코로나19가 전 세계로 확산되고 있는 상황에 코로나19를 막고 이길 생활건강 수칙들을 연구하고 자료를 모아 이 책을 출간했다.

분명 이 책을 통해 코로나19 감염증의 특징과 전파 경로, 예방 수칙과 면역력 강화 생활습관을 잘 지킨다면, 향후 또다시 엄습할 코로나19로부터 나를 건강하게 지켜 내는 데 매우 큰 도움이 될 것이다. 내 몸 안에는 스스로 생명을 지키는 NK면역력이 코로나19 바이러스와 암 세포들을 멸한다. 그래서 면역력을 높이면 충분히 코로나19와 감기 바이러스를 예방하고 지켜낼 수 있다.

코로나19 백신(藥)

여전히 코로나19 바이러스의 기세가 꺾이지 않고 있다.

매일 증가하고 있지만 사망자 85만 명이고(2020.9월 기준) 확진자가 하루에 15만 명이상 늘고 있다. 그렇다보니 전 세계에서 175개의 코로나19 백신을 개발 중에 있다. 하지만 코로나19 백신이 개발되려면 오래 걸릴 수 있다. 그래서 몸의 면역력을 약화시키면 안 된다. 필히 올바른 생활습관을 실천함으로써 몸의 면역체계를 강화해야 한다.

코로나19 백신 개발은 러시아와 영국 옥스퍼드 대학이 세계에서 가장 빠른 임상시험을 하고 있다. 미국에서 개발하여 임상중인 이노비오의 백신(INO-4800)은 전세계에서 가장 빠르게 진행 중이다. 또 개발 중인 백시(mRNA-1273)이 현재 모든 백신 후보 중에서 개발속도가 가장 빠르다. 그리고 코로나19 백신 후보물질(AZD1222)은 영국 옥스퍼드대와 스웨덴에 위치한 영국계 다국적 제약회사 아스트라제네카가 공동으로 개발 중인 백신이다. 한국 SK바이오사이언스는 아스트라제네카가 개발 중인 코로나19 백신 후보물질(AZD1222)를 생산하기로 제휴를 맺었다(2020.8). 중국의 칸시노 바이오로직스는 중국 군사연구소와 공동으로 백신(Ad5-nCOV)을 연구하고 있다.

백신(AZD1222)은 세계에서 개발 속도가 가장 빠른 코로나19 백신으로 꼽힌다. 이는 아데노바이러스 벡터를 활용해 코로나19 단백질을 전달해 체내에서 면역 반응을 일으킨다. 그런데, 러시아의 스푸트니크V 백신도 아데노바이러스 백신이라는 것이다.

세계보건기구(WHO)는 코로나19 백신에 대한 희망이 있긴 하지만 완벽한 백신 개발이 힘들 수도 있다고 말했다. 어쩌면 현재의 백신은 사회적 거리두기, 손 씻기, 마스크 쓰기, 건강식단, 운동, 마인드 등의 생활건강 수칙들을 지키는 것이 당장은 최고의 백신일 수 있다.

물론 곧 효과 좋은 백신이 개발될 것으로 기대된다. 최고의 안전하고 효과 좋은 백신이 코로나19 사망자수 및 확진자수를 획기적으로 감소시킬 수 있게 되기를 기대한다.

<생활건강100 주치의>

코로나19에 걸릴 위험 줄이기

코로나19 바이러스를 막고 줄이기 위한 최고의 방법은 다음의 수칙들을 생활화하는 것이다. 일상생활의 노력(조치)이 무엇보다 중요하다.

1. 비누와 뜨거운 물로 손을 자주 씻는다(20초 이상).
2. 기침 또는 재채기, 발열하는 사람으로부터 안전한 거리를 둔다.
3. 사회적 관계 시 마스크를 쓴다. 그리고 손 세정제를 사용한다.
4. 손으로 눈, 코 또는 입을 만지지 않는다.
5. 비대면 근무와 타인과의 접촉하는 일은 피한다.
6. 충분한 물을 섭취하고 꾸준히 운동을 한다.
7. 절대 긍정적 생각과 충분한 수면을 취한다.
8. 채소 과일 등 식물성 식단을 섭취하여 저항력을 향상시킨다.
9. 긍정적으로 생각하고 자주 많이 웃는 생활을 한다.
10. 운동, 활동, 산책 등 햇볕 쬐기로 몸속 면역세포의 기능을 돕는 비타민D를 높여준다.

코로나19
감염 증상과 예방

✚

코로나19 감염 시의 증상은 사람마다 다르다. 경증에서 중증의 증상을 보일 수 있다. 다소 공통적인 증상으로는 발열, 마른기침, 피로감, 두통 등을 보인다. 심각한 증상으로는 호흡 곤란, 숨 가쁨, 가슴 통증, 언어 장애 등이 나타날 수도 있다.

구체적 초기 증상은 열, 피로감, 마른기침, 전신 통증, 목 아픔, 두통, 설사 등이다. 보통 발열, 오한, 기침, 가래, 인후통, 근육통, 코막힘, 콧물, 미각 상실, 설사 등의 증상을 보인다. 감염 후 5-6일 후 기관지와 폐에 바이러스가 침투하면 폐렴을 일으킬 수 있다. 폐렴일 땐 고열과 호흡곤란 증상이 나타난다. 증상은 바이러스에 노출된 후 7-14일 뒤에 나타날 수 있다.

특히 고령자나 기저 질환이 있는 사람(심장, 폐 질환, 당뇨병)은 심각한 합병증이 생길 위험이 높을 수 있다.

평상시 개인위생 수칙을 잘 지키는 것이 중요하다. 손과 발을 자주 씻고 샤워를 해준다. 수시로 활동 후에는 비누나 흐르는 물로 깨끗이 손을 씻거나 알코올 손 소독제를 사용한다. 무의식적으로 손으로 눈을 비비고 코를 만지지 않도록 한다. 그리고 구강 청결(양치)을 자주 한다.

일상생활에서 다수의 대중이 모이는 행사는 가급적 자제하는 것이 바람직하다. 회의, 행사, 개교 등의 장소는 피하고 외출을 자제한다.

코로나19를 막는 면역력의 중요성

이 책의 지침들은 100세 인생을 지켜주는 수칙들이다. 더불어 완전한 백신이 개발되기 까지는 개개인의 면역력을 향상시켜 코로나19를 막고 극복할 수 있는 힘을 길러야 한다. 규칙적인 운동과 식습관의 변화를 갖는다. 그리고 위생수칙을 더 철저히 지켜 면역력을 강화해야 한다.

코로나19는 면역력이 약한 사람의 폐를 더 잘 파고든다. 따라서 이 생활건강 수칙들을 잘 지켜 저항력 높이는 삶의 생활을 누려야 한다. 건강을 지키는 식습관은 곧 코로나19를 이기는 힘이다.

특별히 건강을 지키는 식습관은 이 책에 자세히 기록하였다.

코로나19 이기는 건강생활 수칙 123

코로나19 장기화에 따라 평소 건강한 생활습관을 가져야 한다. 필히 이 책을 여러 번 다독하여 수칙들을 준수한다면 분명 코로나19를 이기는 건강과 100세까지 아프지 않고 건강하게 사는 법을 알게 될 것이다. 스스로 생명을 지키는 면역력에 대해 알게 되기 때문이다.

1. 영양관리

- 면역력 강화에 좋은 야채, 과일 다양하게 섭취하기

- 식물성 항함제(엽산) 음식과 사과 먹기

- 물을 충분히 마시기

2. 신체활동

- 가능한 한 45분마다 몸을 움직이고 일어나기

- 스트레칭, 간단한 체조, 요가, 근력운동하기

- 일상생활에서 걷기, 산책, 계단 오르기 등 활동 늘리기

3. 마음건강

 - 긍정 생각, 식사, 휴식, 운동 등 규칙적인 생활 유지하기

 - 독서, 음악, 영화, 소통, 나눔, 봉사, 취미 등 나눔 갖기

 - 술과 담배를 멀리하고 충분한 수면 시간을 유지하기

Chapter **2**

세상에서 가장 완벽한 약(藥)
100세 생활건강 수칙들

예방하고

스스로 치유하는

100세 생활건강 수칙들

100세까지 아프지 않고 장수하는 식습관

✚

지금 감사하며 여러분의 100세 건강과 행복을 위해 기도한다. 이것이 저의 사명이기 때문이다.

여기 의학적으로 검증된 지식과 생활건강 습관의 변화를 통해 의사와 약을 멀리하면 인생 100세 건강의 기틀을 마련하도록 도울 것이다. 필이 연구하고 정리한 100세 생활건강 수칙들을 잘 익히고 일상에서 활용한다면 누구나 스스로 충분히 질병을 물리치고 인생 100세의 행복한 삶을 누릴 수 있을 것이다.

최고의 가장 완벽한 치료제(藥)

먼저 생각을 바꾸면 건강이 보인다. 우리 몸과 마음은 서로 밀접한 관계로 되어 있다. 그래서 100세 사람들의 낙천성은 조사결과 장수의 비결이었다. 세계적인 발명왕 에디슨(1847-1931)은 전기를 발명하기 위해 수많은 실패를 거듭하다가 마침내 인류문명에 획기적인 발전을 가져온 전기를 발명하게 되었다. 그는 무슨 영감이 있었던지 "미래에는 환자에게 약을 쓰지 않고 인체 내의 자기치유력(self-healing power)과 음식물의 영양을 이용하여 질병을 예방하고 치료할 것이다"라고 말하였다. 그의 영감이 그대로 현실화되었다.

내가 많은 시간을 들여 100세 건강생활을 누리는 사람들과 장수촌을 연구하여 얻은 장수 비결은 무엇일까? 이들은 강한 목적의식 속에 유머 넘치는 삶(웃을 일)을 일상생활과 노동 속에서 향유하고 있었다. 그리고 평생지기 친구가 있었으며, 80퍼센트만 찰 정도의 소식(小食)을 한다. 물론 저지방 식습관이 장수의 큰 요인이 되었다.

캘리포니아 대학교 심리학 교수 하워드 S. 프리드먼(Howard S. Friedman) 박사는 세계 3대 장수촌의 식습관 생활환경을 연구했다. 음식물과 건강과 장수 사이에는 다음과 같은 5가지 장수하는 식습관을 공통적으로 갖고 있었다.

장수하는 식습관

1. 채식 중심의 식생활을 한다.
2. 설탕과 소금, 그리고 감미료를 줄인다.
3. 대두 식품을 먹고 곡류는 잡곡, 현곡으로 섭취한다.
4. 충분한 양의 채소와 해조류를 먹는다.
5. 엽산과 천염식품을 충분히 섭취한다.

바쁜 현대인들은 불규칙한 생활로 규칙적인 식사시간을 놓치거나 아침을 거르는 경우가 많다. 힘들더라도 식사시간을 정하고 3끼 적당량을 먹는 것이 건강한 생활을 지켜준다. 그러므로 규칙적인 3끼 식사습관이 보약이다.

먹지 않으면 좋은 식품

1. 3백 식품으로는 흰 설탕, 흰밥, 흰 밀가루
2. 인스턴트 식품
3. 화학조미료, 강한 향신료가 첨가된 기호품
4. 소금이 다량 함유된 식품
5. 유전자 변형 농산물

암을 멸하는 식물성 항함제(엽산 섭취)

다음의 야채 중에서 강력한 암을 예방하는 식물성 엽산 섭취 시 약(藥)으로 작용하는 것은 어느 것인가? (   )

⑴시금치 ⑵고구마 ⑶브로콜리

그렇다면 위 식물성 항함제(엽산[1])를 익혀 먹는 것이 좋을까, 날 것으로 먹는 것이 좋을까? (   )

맞다. 그럼 고구마 속에는 암 예방에 좋은 무엇이 들어있는가? 또 빨강, 파랑, 보라색을 띤 채소, 과일 속에 풍부하게 들어있는 것은 무엇인가? 맞으면 O표를 체크하라.

고구마에는 [베타카로틴]이 들어있다. (O, X)[2]

채소와 과일 속에는[플라보노이드]이 들어있다. (O, X)[3]

---

1) 식품 100g 기준으로 쑥갓, 시금치, 깻잎, 부추, 총각김치, 딸기, 오렌지, 토마토, 키위, 귤, 바나나, 메추리알, 콘플레이크, 오렌지 주스 등에 엽산이 풍부하게 함유되어 있다.
   엽산(葉酸) 또는 폴산은 비타민의 일종으로, 비타민 B 또는 비타민 M이라고도 불린다. 태아의 신경과 혈관 발달에 중요하기 때문에, 임신전과 임신 초기인 임산부에게 종종 권장되기도 한다. 과일에 풍부하게 존재한다.
2) 고구마에는 베타카로틴과 카로티노이드와 같은 암을 예방 하는 물질이 들어있다. 항산화 작용을 하고 유해산소를 예방하고 피부 건강을 유지하는데 도움을 준다.
3) 플라보노이드는 염증을 억제하고 세포증식을 통제하고 심지어는 종양의 자살을 유도해서 암을 막는 데 도움을 준다.

현미 속에는 [피틴산]이 들어있다. (O, X)[4]

마지막으로 암의 전이를 막아주고 암 예방에 좋은 식물성 항함제가 아닌 것은 무엇인가? 골라보라.

양파 / 케일 / 파슬리 / 셀러리 / 오렌지 / 사과 / 레몬 / 가지 / 딸기 / 콩 / 자두 / 양배추 / 오렌지 / 쑥 / 미나리 / 질경이 / 시금치 / 냉이 / 콩 / 겨자 잎 / 브로콜리 / 물냉이 / 인삼 / 현미 / 등[5]

---

4) 피틴산(phytic acid)은 독성 배출과 암예방, 혈당 조절, 동맥경화 등을 막는 생리활성 물질 이다.
5) 답: (1)(2)(3) / 날 것으로 먹음 / 모두 0,0,0 / 모두 암 예방에 좋음

최고의 치료제(藥)

✚

햇빛 쬐기

우리 몸의 저항력을 키워주는 것이 햇빛 쬐기다. 뼈와 이를 튼튼하게 해주는 것 역시 햇빛이다. 햇빛은 비타민 D를 만들어 내기 때문이다. 그리고 박테리아를 죽이고 감염을 줄여주는 살균 효과가 있다. 또 햇빛만 쬐도 백혈구와 항체를 증가시켜 몸의 저항력을 키워준다.

참고로 비타민 D가 부족하면 잘 알려진 만성피로와 우울증, 골다공증 외에 수면장애, 감기, 비만, 충치, 관절염, 치매, 당뇨, 심근경색, 고혈압, 각종 암, 만성 알레르기, 피부질환, 만성 두통, 이석증, 신장 질환 등이 생길 수 있다. 그리고 등푸른생선, 우유, 동물의 간, 연어, 달걀노른자, 버섯 등에는 비타민 D가 많이 함유되어있다.

생활건강 주치의로서 일주일에 최소 2-3일 창문을 열고 30분 정도 손이나 팔에 햇볕을 쬐면 좋다. 자외선 지수가 낮은 경우는 야외로 나가 걷거나 산책을 하는 것이 비타민 D를 얻는 최고의 생활 치료제이다.

초록색 음식과 하루 3개의 사과

"여러분, 100세 노인이 100미터를 몇 초에 달릴 수 있을까요? 그런데 100미터를 31초 만에 달렸다면 믿어지나요?"

100세인 필리프 라비노비츠(남아프리카공화국) 노인이 2004년에 100m 100세 이상 연령대 세계 신기록인 30초 86을 기록했다. 기자들이 100세 노인에게 물었다. "그 건강비결이 무엇이냐?" 그는 물음에, "하루 6-7km를 걸었고, 초록색 음식을 즐겨 먹는다. 그리고 하루 사과 3개를 먹는 것이 건강의 비결"이라고 말했다.

100m 100세 31초 건강비결은 바로 초록색 음식과 하루 3개의 사과에 있었다. 연구에 따르면 사과는 신경 퇴행성 질환의 위험을 줄이면서, 산화 스트레스 유발 신경독성으로부터 신체를 보호한다. 그리고 심장 질환 외에도 뇌졸중, 당뇨병 및 암의 위험을 줄이는 것으로 나타났다.

머콜라 박사는 사과에는 질병과 싸우는 비타민A,C,E,K 그리고 칼슘 및 마그네슘과 같은 미네랄 및 산화방지제가 들어 있어 건강에 가장 좋은 과일 중 하나라고 밝혔다. 사과의 항산화 능력은 특히 껍질에 많이 포함되어 있다.

당장 가정과 일터에 한 주간 먹을 사과를 사다놓고 하루 한 개의 사과를 껍질 채 먹는다. 이는 최고의 건강케 하는 비타민 약(藥)을 먹는 것이다.

식생활에 들어있는 <펙틴: 약>

야채나 과일을 충분히 섭취하면 그것이 바로 최고의 약(藥)이다. 야채나 사과에는 펙틴(pectin)이라는 물질이 들어있어 피부를 재생하고 노화 방지를 한다(사과 껍질). 암 예방에도 효과를 준다. 그리고 비타민 C가 들어있어 활성산소를 저지하고, 항 염 작용을 하여 암을 예방해 준다.

펙틴은 과일, 채소 및 씨앗에서 추출한 탄수화물로써 세포벽에 있는 섬유질의 일종으로 장의 운동을 자극 한다. 또 장의 벽에 젤리 모양의 벽을 만들어 유독성 물질의 흡수를 막고 장 안에서의 이상 발효도 방지한다. 그리고 대장암을 예방하고 개선한다. 장 속에서 발생한 발암성물질을 받아들여 몸 밖으로 배설시키는 작용을 한다.

사과에 있는 펙틴을 가지고 실험을 했다. 간암 환자에게 세포 변화를 살펴보았다. 한쪽에는 사과의 껍질을 벗기고 사과만을 넣어 즙을 만들어 먹였다. 다른 한쪽에는 사과 껍질 채 즙을 만들어 먹였다. 어느 쪽이 암세포에 영향을 주었을까? 껍질 채 만든 즙이 암세포의 활동을 50%이상 억제하였다.

그러므로 펙틴을 식생활에서 충분히 섭취하는 것은 암을 예방하는 약을 복용하는 것과 같은 것이다.

오메가3 지방 섭취

오메가3 지방산이 풍부한 생선은 연어, 참치, 고등어, 멸치, 등푸른생선 등과 들기름, 아마씨유, 견과류에 함유되어 있다. 오메가3는 콜레스테롤 수치를 낮추고 혈전생성을 억제해 심장병, 뇌졸중 등을 예방하는 데 효과적이다. 오메가6와 오메가9 역시 혈관을 튼튼하게 해 동맥경화와 심장질환 에 좋다. 오메가6는 참기름, 해바라기씨유, 포도씨유 등에 풍부하고, 오메가9은 올리브유, 카놀라유, 아보카도 등에 많다. 아무튼 오메가3,6,9 이 세 가지를 균형있게 섭취하는 것이 좋다.

오메가3는 우리 몸에 긍정적인 영향을 미친다. 그러나 과잉 섭취는 피해야 한다. 특히 다음과 같은 예방과 치료에 도움을 준다. 류머티스성 관절염, 염증성 장질환, 루푸스, 천식, 습진, 건선, 당뇨병, 두뇌계발에도 도움을 준다. 그리고 정신질환 예방에도 좋다. 그런데 오메가3를 과도하게 섭취해서는 안 된다. 비율로 보면 오메가6와 오메가3는 3대1 정도가 좋다. 오메가6를 너무 과다 섭취하여 오메가3와의 비율이 깨지면 사이토카인(염증전구물질)이 생긴다(염증을 만든다). 결국 오메가6가 높은 식사로 인한 염증은 심장병, 고혈압, 당뇨, 심지어는 치매까지 일으킨다.

오메가6 지방산 음식으로는 견과류, 씨앗, 계란 및 식물성 기름과 같은 식품들이 있다. 오메가3,6,9 과다섭취는 건강에 이롭지 않다.

그래서 사이토카인이 올라가면 우울증도 높아지게 된다. 그러므로 염증을 낮추는 방법으로는, 다음의 오메가3 천연 음식을 섭취한다. 이를테면 통곡류와 토마토, 대두(콩), 올리브유, 녹황색 채소, 마늘, 비트, 견과류, 베리류 등의 천연 음식들이다.

100세 아름답게 나이드는 비밀

한국 갤럽조사기관에서 사람들에게 이렇게 물었다.

"여러분이 인생을 살 때 가장 중요한 가치가 무엇인가?"뭐라고 대답했을까? '1등 건강, 2등 행복, 3등 돈'이었다.

건강은 내 생각하기에 달렸다. 그래서 건강도 선택이다.

솔로몬 왕은 "마음의 즐거움이 양약(잠언 17:22)"이라고 하였다. 질병의 대부분은 정신적 마음에서 온다는 것을 잊지 말라. 긍정적 사고는 희망, 용서, 사랑, 도전 등으로 몸에서 엔도르핀 물질이 나와 몸을 강화시키고 면역력을 높여준다. 반면, 부정적 사고는 몸에서 코르티솔, 아드레날린 호르몬이 나온다. 이러한 물질은 면역력을 저하시킨다.

몸속의 생체시계

시계는 손목시계, 벽시계가 있듯이 몸에도 시계가 있다. 바로 생체시계이다. 록펠러 대학의 홀과 로스배시 교수는 생체시계의 기능으로 노벨 생리의학상을 받았다. 그는 몸 속 생체 리듬이 있다는 것이다. 예를 들어 밤에는 몸의 체온이 떨어지고 멜라토닌 호르몬이 분비돼 잠에 빠진다. 반면, 아침에는 멜라토닌이 줄고 세로토닌 호르몬이 분비되어 체온이 증가되고 활동을 하게 된다.

그런데 생체시계가 고장 나면 리듬이 깨지게 된다. 수면 중 식욕 억제 호르몬 랩틴(Leptin)이 분비된다. 그러므로 야식을 하지 않는 것이 건강에 유익하다. 그리고 하루 세끼 규칙적으로 먹고 일찍 잠자리에 드는 생활습관이 건강에 좋다. 렙틴(Leptin)은 뇌가 더 이상 음식을 먹지 않아도 된다고 느끼게 하는 식욕억제 호르몬이다. 포만감을 느끼게 하여 식욕을 억제한다.

그러므로 평상시 리듬있는 생활을 한다. 일주일에 3-4번 이상 규칙적인 운동을 한다. 계단 오르기, 걷기나 산책도 좋다. 거기에 매일 심호흡(복식)을 해주면 더 좋다. 반드시 화학물질이 많이 들어간 음식은 피한다. 하루에 한 번은 햇빛을 쬐고 물을 많이 마신다. 그리고 충분한 수면을 한다.

염증 수치 낮추기

염증은 만병의 근원이다. 그래서 각종 암이 염증으로부터 시작된다고 말한다. 염증은 한마디로 우리 체내에서 일어나는 방어적 반응으로 외상이나 화상, 세균 침입 등에 대해 인체가 반응하게 된다.

25년 동안 5,000건 이상의 심장수술을 해 온 룬델(Dwight Lundell) 박사는 심장병의 원인은 혈관 벽의 염증 때문이라고 하였다. 염증 수치를 낮추기 위해 통곡류와 토마토, 대두(콩), 올리브유, 녹황색 채소, 마늘, 비트, 견과류, 베리류 등의 천연 그대로의 음식을 잘 섭취해야 한다. 그리고 일주일에 3-4번 이상 규칙적으로 운동하고 매일 심호흡을 자주 한다. 그리고 햇빛을 쬔다.

독성 물질의 배출과 혈액의 원활한 순환을 위해 물을 많이 마신다. 몸에 해로운 것들을 멀리하고 미세먼지가 많을 시는 마스크를 꼭 착용하고, 의도적으로 맑은 공기를 찾아 마신다.

- 운동을 꾸준히 한다.
  : 계단 오르기, 걷기, 허리 운동, 스트레칭 등

하늘이 준 최고의 선물

하루 2ℓ 물 마시기

다 알고 있듯 공기와 물은 하늘이 준 최고의 선물이다.

우리 몸에 물이 부족하면 두뇌활동이 둔해지고 피부의 탄력성이 줄며 피부색이 나빠진다. 또 결석의 원인이 될 수 있으며 세균의 감염이 급증할 수 있다. 그래서 어른은 하루 2리터 이상의 물을 마시는 것이 좋다. 평소 물통을 활용해 하루 2리터의 물을 마신다.

몸속에서 물은 노폐물을 씻어내고 장, 폐, 피부로 배출되고 신장을 통하여 소변으로 배설 된다. 한마디로 오장육부가 원활하게 작용한다. 물을 충분히 마시면, 소변의 양이 늘어 요도와 방광을 끊임없이 씻어 결석이나 감염 등을 막아주고 심신의 피로를 풀어준다.

이처럼 일상생활에서 물병을 준비하여 하루 2l의 물을 마신다. 물만 충분히 섭취해도 몸은 건강해진다.

하루 3번 깊은 심호흡

명상과 심호흡은 건강과 밀접한 관계를 갖고 있다. 그래서 적어도 하루 3번 5분은 깊은 심호흡(복식)을 규칙적으로 한다. 이는 최상의 회복제다.

우리의 뇌가 활동하는데 많은 양의 산소가 필요하다. 깊은 심호흡은 많은 산소를 뇌에 공급해 준다. 일상에서 산소를 증가시키는 활동으로는, 산책을 하거나 삼림욕을 한다. 가벼운 유산소 운동, 체조, 요가 등을 한다. 명상이나 깊은 심호흡을 한다. 또 계단 오르고 내리기도 좋다.

깊은 심호흡과 복식호흡법에 관해서는 16장에 자세히 소개하였다.

적절한 쉼

일상의 생활에서 적절한 휴식, 쉼, 휴양을 통한 기분전환은 중요하다. 창조주는 인간을 쉼 없이 계속 일만 하도록 만들지 않았다. 사람이 내내 일만 하면 스트레스에 짓눌려 초조하고 신경질적인 성격이 될 수 있다. 성과를 낼 수도 없다. 적절히 깊은 심호흡을 통해 뇌가 충전될 수 있도록 한다.

그래서 비즈니스 능률을 올리고 싶다면 쉼과 휴식은 꼭 필요하다. 나를 위한 쉼을 어떻게 갖고 있는가? 적절히 나만의 쉼을 갖는다. 쉼도 하늘이 준 최고의 선물이다.

생활운동에 관하여

영국의 슈바트라 의사의 연구에 의하면, 몸을 움직이는 노동자가 몸을 움직이지 않는 사무직 노동자보다 심장질환에 걸리는 비율이 약 80%나 낮다고 한다. 그래서 운동 부족으로 인해 생기는 병은 동맥경화증, 고혈압, 당뇨병, 비만증, 암, 관절염, 폐질환, 정신신경증 등이 있다.

그래서 "누우면 죽고 걸으면 산다"라는 말이 있다. 하루 적정 시간을 무리하지 않고 규칙적으로 걷는 것만으로도 운동 효과를 얻을 수 있다. 단 내가 만든 100세 생활건강 프로젝트(건강관리 수칙들)에 따라 실천한다면 중도에 포기하는 일은 없을 것이다.

한 예로 평소 서서 일하기, 매시간 마다 10분 정도 건물주변 계단 오르고 내리기, 활짝 웃으면서 박수치기 등 생활 운동을 실천한다.

다리 건강

'두 다리는 의사다'라는 말이 있듯 인간의 발은 원래 걷기 위해 만들어졌다. 그런데 현대사회에서 차츰 발을 쓰지 않는 생활을 하고 있다. 인간의 몸은 쓰지 않으면 녹슬게 되어 있다. 그래서 운동 기능 저하 증후군이란 걷기의 근육 운동이 부족하기 때문에 생기는 것이다.

나이 60-70세에 가장 약해지는 기관은 호흡기와 소화기이다. 그런데 다리와 허리의 쇠약은 이들 장기에 직접적으로 영향을 끼친다. 다리의 혈관과 신경은 두뇌와 내장에 밀접하게 연결되어 있다. 그래서 다리의 쇠약은 치매와 노화를 촉진하게 된다.

우리나라 사람들 하루 평균 걸음수는 3,000보이고 사무직 일을 하는 사람들은 평균 1,000보라고 한다. 미국 공중보건은 걷기 신체활동 기준을 12,000보 이상 권하고 있다. 그러므로 하루 종일 앉아서 일하는 사람들은 걷는 시간을 갖는 것이 중요하다.

다리의 강화는 심장, 호흡기, 내장의 강화로 만들어주고 두뇌를 명석하게 해준다. 그래서 평지에서의 한 발걸음은 2초의 생명 인자를, 한 계단은 4초의 생명 인자를 저축한다. 걷게 되면 폐가 활동하여 건강하게 된다. 일상생활에서 걷기를 통해 활동적인 삶을 누려야 한다.

다리 운동 123

1정거장까지는 걸어가기
2킬로미터까지는 걸어가기
3층까지는 걸어가기

수면 건강

예부터 "잠은 보약"이라고 했다. 코로나19로 인한 건강염려증을 떨쳐버리고 동시에 올바른 건강 습관을 들이기 위한 첫 번째 발걸음은 바로 잘 '숙면'하는 것이다.

현대사회에서 불면증은 흔한 일이다. 여러 요인 중 의학적 원인도 있지만 정신적 원인이 더 크게 작용한다. 이를 테면 걱정, 근심, 미움과 시기, 질투, 경쟁심, 우울증, 불안증, 공황장애, 강박장애, 스트레스 등 그리고 환경적 원인으로는 소음, TV시청, 휴대폰, 과도한 커피 등등

그러므로 숙면은 최고의 휴식기이며 재충전 시간이다. 그래서 8시간의 건강한 수면이 필요하다. 수면 시 뇌 세포를 말끔하게 해주고 뇌에 쌓인 독소를 제거해준다. 결국 건강한 수면은 건강생활의 기본이다.

사실 낮 동안의 충분한 활동을 하고 물을 많이 마시면 불면증에 도움이 된다. 과일로는 바나나, 콩, 견과류, 키위, 포도, 체리, 대추, 상추 등 그리고 규칙적인 운동과 목욕, 반신욕 수면에 도움이 된다.

당연 혈액 순환의 강화로 면역력을 강화시켜 준다.

코 건강

코가 건강해야 한다. 코는 냄새인지와 목소리의 공명을 내게 한다. 코는 숨 쉬는 기능만 하는 것이 아니라 먼지, 세균, 바이러스 등 방어 작용

을 해준다. 그리고 폐의 온도 조절을 한다. 알레르기 비염, 코 막힘 등 중요한 기능을 하기에 마스크를 착용하고 식염수로 세척한다. 세면 시 코를 풀고 세척해 준다.

코로 유입되는 먼지나 코로나19, 각종 바이러스 등 보호를 위해 마스크 착용과 손 씻기 등을 생활화한다. 이는 폐를 보호하고 예방하게 된다. 철저히 마스크를 착용하고 생활하는 습관을 갖는다. 그리고 비타민 C,E가 풍부한 채소와 과일을 섭취하고 면역력 증가 식품을 먹는다. 무엇보다도 꾸준한 운동관리가 폐의 순환을 활동하게 해준다.

지나친 술과 담배

술과 담배를 습관적으로 지나치게 과도하면 몸에 해롭다는 것은 다 알고 있다.

담배는 폐암, 후두암, 구강암, 식도암, 췌장암, 간장암, 위암 등 각종 암의 발병률을 높인다. 그리고 만성기관지염, 폐기종, 호흡기질환, 심장병, 동맥경화 등 혈관병에도 큰 영향을 미친다.

술에 중독이 되면 위를 자극하여 염증을 일으킨다. 그리고 고혈압, 동맥경화, 췌장 질환, 지방간, 간경화 등이 일으킬 수 있다.

무엇이든 지나치면 몸에 해가 된다는 것을 익히 알고 있을 것이다. 당연 지나친 술과 담배는 몸에 해롭다.

100세 건강의 기본

100세를 넘어 120세까지 건강한 삶을 누리려면 몸의 체질을 기쁨으로 바꾼다. 즐거움은 마음과 몸 건강을 가져다주고 삶의 의미를 부여한다.

우선, 만병의 원인이 되는 걱정, 부정(실망), 미움 등을 멀리하고 3잘 즉 '잘 자고, 잘 먹고, 잘 싼다.' 그리고 꾸준히 운동을 하고 천천히 채식과 과일 위주로 섭취한다.

Chapter 3

더 젊어지는 비법
세계 장수촌 사람들의 비밀

뇌에서 좋은 호르몬을

많이 분비하면

젊어진다.

신이 내린
기적의 명약(名藥)

✚

명의(名醫)의 장수이야기

어느 마을에 유명한 의사가 살고 있었다.

마을 사람들은 몸이 아프면 모두 그를 찾아가 치료를 받았다. 그는 환자의 얼굴과 걸음걸이만 봐도 어디가 아픈지 알아내 처방을 할 정도로 유능한 명의(名醫)였다. 그런 그가 나이가 들어 세상을 떠날 때가 되었고, 마을 사람들은 그의 임종을 지켜보았다. 죽음을 앞둔 그가 사람들에게 이렇게 말했다.

"여러분에게 나보다 훨씬 훌륭한 세 명의 의사를 소개하겠습니다.

그 의사의 이름은 '음식'과 '수면'과 '운동'입니다.

음식은 위의 75퍼센트만 채우시고 절대로 과식하지 마십시오.

또 12시 이전에 잠들고 해 뜨면 일어나십시오.

그리고 열심히 걷다 보면 웬만한 병은 나을 수 있습니다."

그런데 말을 하던 의사가 힘들었는지 잠시 말을 멈추었다. 그리고는 다시 말을 이었다. **"그런데 음식과 수면과 운동은 다음 두 가지 특효약을 함께 복용할 때 효과가 더 좋습니다."**

사람들은 조금 전 보다 더욱 의사의 말에 초집중했다.

"육체와 더불어 영혼의 건강을 위해 꼭 필요한 것은 '웃음과 사랑'입니다. 육체만 건강한 것은 반쪽 건강입니다. 영혼과 육체가 고루 건강한 사람이 되길 바랍니다.

먼저 '웃음약(기쁨)'은 평생 복용해야 합니다. 절대 부작용이 없으며, 안 좋은 일이 있을 때는 많이 복용해도 됩니다. 그리고 '사랑약(감사)'은 비상 상비약입니다. 이 약도 수시로 복용하십시오. 가장 중요한 특효약 (藥)입니다."

명의는 자신이 살면서 깨달은 가장 중요한 특효약을 알려준 후 평안한 모습으로 눈을 감았다고 한다.

이처럼 신묘한 특효약을 명쾌하게 정확히 알려준 명의가 이 세상에서 또 있을까? 정말 감사할 뿐이다. 이 특효약은 신이 인간에게 부여한 '신의 선물'이다. 무엇보다도 매일 공짜로 복용할 수 있다. 그리고 더없이 기쁘다. 이 신묘한 특효약은 20년은 더 젊어지게 만든다는 것이다.

강력한 의미 치료법

인디언 속담에 보면 **"2만 번 이상 말하면 그것은 현실이 된다"**는 언어치료법을 활용했던 것을 알 수 있다. 이처럼 '로고테라피(logotherapy)'는 하나의 심리요법으로서 언어치유이자 의미치료를 뜻한다. 더 넓게 해석하면 '긍정언어요법'이 된다. 즉 긍정, 감사, 격려, 칭찬, 경청, 공감 등을 통해서 상대방에게 긍정적 변화를 일으키는 것이다. 일명 '피그말리온 효과'라고도 말한다. 이는 우리가 일상적 사용하는 말에서 일어난다. 예를 들어 "아빠, 최고!" "엄마, 고마워요!" "당신을 만나서 행복해!" "홍길동 과장님은 언제 봐도 믿음직스러워!" "힘든 여건에서도 이 프로젝트를 해내다니 정말 훌륭한데!" "오늘 강의 덕분에 큰 힘을 얻었습니다" "따뜻하게 손을 잡아 주셔서 힐링이 되었습니다" "덕분입니다" "잘한다" "멋지다" 등 한마디 말이 내 삶의 의미를 새롭게 다져준다.

그래서 다음의 말은 강력한 언어치유로 사용한다.

"사랑합니다" "감사합니다" "수고하셨습니다"

일찍이 의술의 아버지로 불리는 '히포크라테스'는 이 사실을 간판하여 이렇게 말했다. "의사에게는 세 가지 무기가 있다. 그 첫째는 말이고, 둘째는 메스고, 셋째는 약이다." 바로 강력한 치유 효과를 지닌 것이 언어(言)라는 의미이다.

빅터 프랭클린은 오스트리아 빈 의과대학의 신경정신과 교수이며 미국 인터내셔널 대학에서 '로고테라피'를 가르쳤다. 그는 <죽음의 수용소에서>라는 책으로도 유명하며 로고테라피(logotherapy)의 창시자이다. 여기서 '로고(logo)'라는 말은 곧 '말'과 '말씀'을 가리킨다. 그리고 '테라피(therapy)'는 '치료' '치유한다'는 뜻이다. 바꿔 말하여 언어치유다. 빅터 프랭클린 의사가 말하려는 요지는, 자신의 삶에서 의미를 발견해 내는 것이 삶의 의욕이 되고 생존의 힘이 된다. 말로써 의미를 발견하도록 도와주면 그것은 치유가 된다.

그러므로 '로고테라피'는 넓은 의미로 긍정 언어요법, 플라시보 효과, 피그말리온 효과, 그리고 로젠탈 효과와도 같은 것들이다.

어느 조사에 따르면 16세 때까지 우리가 하루에 듣는 말 가운데 부정적인 언어가 약 75퍼센트라고 한다. 그래서 링컨은 "말은 힘이 있다"라고 말했다. 따라서 말은 조심해야 한다. 설령 빈말, 농담이라도 부정적인 언어는 피해야 한다. 실존주의 사상가 사르트르는 이렇게 언급했다. "나는 내가 말하는 것으로 존재한다." 즉, 말이 존재케 한다는 의미이다.

프랑스의 약사였던 에밀 쿠에는 말의 각인력을 발견하고는 언어치료를 알렸다. 그는 환자들에게 약(藥) 대신 다음과 같이 반복해서 말했다.

"나는 매일 모든 면에서 점점 더 나아지고 있다."

이 '플라시보 효과(위약)'를 발견하기도 했던 그는 말의 각인력을 통해 수많은 사람들의 몸과 마음을 치료했다. 이를 테면 의사가 캡슐 속에 설탕 밖에 들어 있지 않는 가짜 약을 주면서 통증이나 불면증에 기가막히게 잘 듣는 약이라고 말했다. 이 약을 받은 환자들은 정말로 효능이 있다고 믿었고 치유되었다.

우리의 뇌는 생각과 말을 통해 지배를 받는다. 곧바로 뇌에 반영되고 몸으로 반응하게 되어 있다. 뇌는 각각의 역할을 맡고 있고 상상력에 의해 서로 연결되어 있다. 뇌가 상상한 것에는 반응하는 특성이 있다. 여성의 경우 자신을 '미인'이라고 생각하고 하루에 10번씩 거울을 바라보며 "너 정말 예쁘다" "와 아름답다" "넌 배우다"라고 말해주는 것이다. 그 효과는 대단하다. 웃지 말고 한번 실천해보라, 이것이 바로 긍정의 언어 사이클이다.

그래서 신경의학계에서는 뇌 속의 언어중추신경이 모든 신경계를 통제한다는 것을 알기에 환자들에게 '언어 치료법(Word Therapy)'을 활용하기도 한다. 이는 환자로 하여금 하루 2-3차례 일정시간 언어 치료법을 시행하는 것이다.

요즘 의미를 부여한 언어치료를 활용하여 파킨스병과 우울증, 그리고 치매 예방과 어눌한 말투 등 치료에 활용되고 있다.

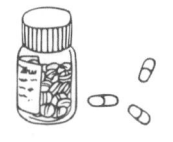

맘이 기쁘면
병도 이긴다

+

프랑스 소설가 마르셀 프루스트는 "진정한 발견은 새로운 풍경을 찾는 것이 아니라 새로운 시각으로 보는 것이다."라고 말했다. 요즘은 모든 것이 그냥 다 감사하다. '감사하다가 성공해버렸다' 내가. 그래서인지 전부 감사한 일들뿐이다. 무엇보다도 '감사하다'는 말을 하면 힐링이 생긴다는 걸 전할 수 있어 감사하다. 진짜로 다 좋다.

로마의 철학자 키케로는 "감사하는 마음은 최고의 미덕일 뿐만 아니라 모든 미덕의 어버이다"라고 하였다. 일찍이 나는 <감사학> <행복학> <칭찬학> 그리고 <웃음학>을 연구하여 긍정 에너지 운동을 펼쳤다. 몇몇 사람들은 박사가 되어 대학 과목에도 없는 것을 연구하고 가르친다 하여 어쩌면 가볍게 여겼을지 모른다. 하지만 이는 신이 내린 신묘한 특효약이었다. 매일 복용하면 기가 막히게 잘든다.

그 유명한 셰익스피어의 <햄릿> 2막 2장에서 한 대사를 보면 우울한 왕자 햄릿은 학교 친구 로젠크랜츠와 길덴스턴을 만나자 지금 덴마크의 궁전이 그야말로 감옥이라고 말한다. 사실 햄릿은 왕자이고 아름다운 여자 친구 오필리아도 있었다. 만약 햄릿이 생각을 전환하여 이미 누리고 있는 상황에 감사하고 행복했다면 극의 결말이 사뭇 달라졌을지도 모른다.

우리는 삶의 매 순간을 모두에게 감사하자. 정말이지 감사마음을 느끼면 삶이 한결 좋아진다. 감사는 행복보다 더 깊은 울림을 주는 감정 에너지이다. 여느 누구에게는 감사의 삶이 기적을 만든다. 그래서 "당신의 감사하는 태도가 기적을 만든다."고 난 단호하게 말 할 수 있다.

우리는 켄 블랜차드가 말한 '칭찬은 고래도 춤추게 한다(Praises can even make a whale dance)'라는 원리를 잘 알고 있다. "좋은 칭찬 한 번 듣는 것만으로 나는 두 달을 살 수 있다." 이 말은 미국 소설가 마크 트웨인이 한 말이다. 굳은 의지를 갖고 우리는 하루 한 번 이상 칭찬을 실천해야 한다. 감사한 마음을 갖고 감사노트를 적는 것은 자존감을 최대한 끌어올리는 방법임과 동시에 행복물질(엔도르핀, 세로토닌)을 분비하는 방법이기도 하다.

우리의 뇌에서 행복물질이 분비되면 자존감이 높아지고 더불어 자신감도 커지는 효과가 있다. 그 행복물질로 도파민과 세로토닌 같은 신경전달물질이다. 그런데 도파민과 세로토닌보다 훨씬 강력한 힘을 가지고 있는 것이 엔도르핀이다. 강력해서 진통과 항암작용도 한다. 그리고 면역력을 강화시켜 준다. 이렇게 강력한 엔도르핀보다 4천 배에 달하는 효과를 가진 호르몬이 있는 데 바로 다이돌핀이다. 그런데 더 놀라운 발견은, 그 다이돌핀을 분비시키는데 일상의 작은 태도로 가능하다는 것이다. 바로 우리가 감사한 마음을 가지거나 감동할 때 분비된다. 그래서 이 다이돌핀을 감사 호르몬이라고 한다.

그렇다. 맘이 기쁘면 병도 이긴다. 맘이 기쁘면 20년은 더 젊어지게 된다.

캘리포니아 대학교의 로버트 에먼스 교수의 연구 결과에 따르면 감사를 습관화한 사람들은 그렇지 않은 사람들에 비해 평균적으로 수명이 9년이나 길었다는 연구결과이다. 그러니까 감사를 습관화한 사람들에게는 강력한 다이돌핀 호르몬이 자주 분비되었다는 의미이다.

뇌 젊게 만들기

손을 많이 사용하면 손이 발달한다. 그런데 뇌에도 영향을 미친다. 또 호두 두 알을 손바닥 안에서 움직이다가 위로 던져서 떨어지는 호두를 눈으로 쫓으면서 잡는 동작을 반복한다. 손의 말초신경을 적당하게 자극하여 뇌를 활성화하게 한다.

이처럼 우리의 생각들은 뇌에 있는 뉴런들이 서로 상호작용하며 신호를 주고받는다. 결국 뉴런들의 활성화가 창의적 생각들이다. 생각의 기반으로 뇌가 판단하고 신경전달물질을 분비한다. 예를 들어 뇌는 '와

~ 속상하고 짜증난다.'는 부정적인 생각을 기반으로 판단하고 스트레스 호르몬 노르아드레날린을 분비한다. 반대로 '우와! 정말 좋다. 재밌다.'는 긍정적인 생각은 행복한 상황으로 판단하여 도파민 호르몬을 분비한다.

이번에는 여러분들이 뇌의 반응을 말해보라.

여느 한 사람이 감동적인 영화를 보고 눈물을 흘린다. 또 좋아하는 가수의 노래를 듣고는 너무 좋아한다. 이때 뇌는 세로토닌과 노르아드레날린 중 어느 호르몬을 분비할까?

당연 세로토닌 호르몬을 분비한다. 이것을 호르몬 치유라고 말한다.

이러한 뇌 활성화는 뇌를 젊게 만든다. 사소한 습관이 뇌 활성에 영향을 미친다.

뇌 내 신경전달물질

도파민 호르몬은 우리의 창조력을 발휘시키는 최고의 신경전달물질이다. 맘이 편안해지면 도파민의 분비량이 점차 증가한다. 도파민은 쾌감, 즐거움 등에 관련한 신호를 전달하여 인간에게 행복감을 느끼게 하고 젊게 해준다.

인간의 뇌에는 수백억 개의 신경세포가 존재하고 있고 서로 복잡하게 연결되어 있다(시냅스). 뇌 내 신경전달물질은 50여 가지에 달한다. 특히 뇌에서 도파민이 분비되면 행복해진다. 그래서 꿈을 갖고 즐기는 인생이 최고의 건강한 생활이다. 그리고 기분이 좋고 마음의 안정은 치유물질인 세로토닌을 분비시켜준다. 세로토닌이 모자라면 우울증, 불안증 등이 생긴다. 세로토닌을 활성화하는 방법은 햇볕 쬐기, 리듬운동, 그리고 음식 꼭꼭 씹어 먹기다. 그리고 불면은 몸과 마음의 병이 찾아올 수 있다. 잠은 푹 자는 것이 좋다.

다음은 답답할 때 기분전환에 도움이 되는 세로토닌 기분전환법이다. 매일 세로토닌 신경을 실천해주면 우울증을 예방하는 효과가 있다. 젊음을 더 지속하게 해준다.

세로토닌 기분전환법
점심외식, 걸으며 생각하기, 심호흡, 낭독, 목 돌리기 운동, 행복한 대화 등 그리고 뇌 내 물질 아세틸콜린(acetylcholine)은 인지기능과 영감에 깊은 관련이 있다. 아세틸콜린 결핍은 ADHD(주의력결핍 과잉행동장애), 치매, 파킨슨병 등 뇌질환에 큰 원인 제공을 하기도 한다.

아세틸콜린은 운동신경과 부교감 신경의 말단에서 분비되며 정보를 전달하는 신경전달 화학물질이다. 이 물질은 기억력 및 학습활동, 발상력과 창의적 생각의 향상으로도 연결된다. 그리고 외출, 낮잠, 앉은 채로 손발 움직이기 등 뇌의 효율이 높아진다. 의학계는 아세틸콜린이 부족하게 되면 알쯔하이머 치매가 진행될 수 있다고 한다.

창의적 생각을 많이 하면 할수록 아세틸콜린을 더 쉽게 분비한다. 결국 창의적 생각을 가진 사람의 뇌에서 행복물질 호르몬을 더 쉽게 분비된다. 더 놀라운 결과는 창의적 생각을 가진 사람이 그렇지 않은 사람보다도 더욱 건강하게 오래 산다고 한다.

> ### 아세틸콜린 기분전환법
> 즐거운 외출, 낮잠, 앉은채로 손발 움직이기, 학습활동, 창의적 생각, 목표 달성하기, 칭찬 나누기, 복성으로 말하기, 아침 먹기, 목 돌리기 운동, 충분한 숙면 등

세계 최고로 건강하게 살아가는
장수촌 사람들의 비밀

+

- 조지아 압하지야 장수촌 속담

  "우리는 신도 필요하고 노인도 필요하다."

- 에콰도르 빌카밤바 장수촌 속담

  "우리에게는 두 명의 의사가 있다. 왼쪽 다리와 오른쪽 다리."

- 일본 오키나와 장수촌 속담

  "음식은 삶에 양분을 공급한다. 음식이 보약이다."

세상에서 가장 오래 사는 사람들

사람을 포함한 모든 동물은 주어진 수명을 가지고 태어난다.

닭은 7년, 개는 15년, 코끼리는 60년, 거북이는 무려 150년을 산다. 사람의 평균 수명은 70-80세이다. 그런데 미국 ULCA의 로이 월포드 의학박사(Roy Walford)에 따르면 사람의 주어진 생명은 약 120년까지 추정한다. 그는 노인학 분야의 최고 전문가로서 노화와 건강에 대한 의학 잡지에 실린 기사이다.

"저칼로리 고영양 식단으로 수명을 최대한 연장할 수 있다. 외모가 더 젊어지고 노화관련 질환의 발병을 줄이며 뇌의 퇴화를 늦추게 한다."

이는 저칼로리 식단이 건강과 장수에 좋다는 의미이다.

나는 건강하게 장수를 누리는 몇 개의 문화권을 살펴볼 수 있는 시간을 얻게 되었다. -150세 압하지야, 130세 빌카밤바, 120세 훈자[1], 100세 오키나와- 그들 대부분은 100세를 넘어서도 건강하게 살아가면서 즐기는 삶의 방법들에 여러 증거 자료를 손에 넣게 되어 참으로 기쁘다.

놀랄 정도로 건강하게 장수하는 사람들은 활기 있게 살면서 죽기 바로 몇 주 전까지 삶을 즐겼다. 그리고 그들은 심장병, 암, 비만, 관절염, 천식, 노망 그리고 퇴행성 질환에 걸리는 비율이 극히 낮았다. 나이를 먹어도 대개 놀랄 정도로 88하게 활동적인 생활을 유지하였다. 또한 장수하는 그들의 식단은 한마디로 소식하며 칼로리가 모두 낮았다. 그리고

---

1) 파키스탄, 6,000m 이상의 높은 산에 있다.

아주 활동적인 삶을 산다. 특히 이들은 배가 80% 정도 차면 그만 먹는다. 음식을 적게 먹는 것이 오래 사는 이유 중 하나였다.

세상에서 가장 건강하게 오래 사는 사람들이 모여 사는 곳이 있다. 바로 구소련 압하지야다. 구루지야 내에 있는 압하지야는 세계 최고의 장수촌이다. 주민들 대부분이 150세를 살고 시랄리 미슬리모프는 161세까지 살았다고 한다.[2] 그들의 장수비결은 간단했다. 건강하게 오래 살려면 어떻게 해야 할까?

늘 즐거운 마음으로 살라는 것이다.

압하지야에는 노인을 지칭하는 '노인'이라는 언어가 없다고 한다. 그 대신 100세가 넘은 사람들은 '오래 사는 사람'이라고 부른다. 그래서 '동안이시네요.' 혹은 '나이 들어 보이시지 않네요.'라는 말은 모욕으로 여긴다. 이는 노인을 아름다운 사람으로 보기 때문이다.

그래서 최고의 칭찬은 '오늘 나이가 들어 보이시네요!'라고 한다.

압하지야인에게 우정은 아주 중요하다. 그래서 집에 손님이 도착하면 포옹을 하고 키스를 해서 손님을 맞이한다. 주인은 손님의 머리 위에 원을 그리는 동작을 하고 이렇게 말한다.

"당신의 주위를 배회할지 모르는 모든 악령이 내게 오기를."

---

2) '라이프'지와 신문 기사 등에서 소개하였다.

그들의 장수 비결

<존 로빈스의 100세 혁명(박산호 역, 시공사)> 책에 따르면 - 150세 압하지야, 130세 빌카밤바, 120세 훈자, 100세 오키나와- 공통적인 장수 비결의 문화는 노인을 무척 공경하며, 항상 이웃과 나누면서 서로 보살펴주는 태도가 몸에 배어 있다. 그리고 일상에서 활동적인 생활을 즐긴다. 또 그들에게는 걷는 것이 최고의 장수 비결이었다(산책). 집에서나 뜰에서 항상 몸을 써서 활동적으로 생활한다. 그저 매일 가파른 지대를 왔다 갔다 하면서 일상적인 일을 한다. 걷는 것을 좋아하다보니 뼈가 아주 튼튼하다. 압하지야 사람들은 우울증이 생길 때는 좀 더 활동적으로 지내면서 사람들을 더 많이 만난다. 그리고 그들이 먹는 소박하고 영양가가 많으며 몸에 좋은 음식을 먹는다.

이제 압하지야인의 삶처럼 우리에게 노화는 질병이 아니며, 늙어간다는 것은 아름다운 것으로 이해하고 그 원칙을 우리의 삶에 적용해야 한다.

그들의 식단은 한마디로 저칼로니 고영양 식단이었다. 모두 저칼로니로 먹는다. 풍부한 전곡, 채소와 과일을 포함한 자연식품이었다. 그 지역에서 재배한 제철 음식을 먹는다. 저지방 음식, 씨, 견과류와 같은 식물성 지방이고, 단백질은 콩, 완두콩, 전곡, 씨, 견과류 등에서 주로 섭취한다.

장수촌 훈자인들은 계단식 밭에서 다양한 과일을 재배한다. 여러 종류의 과일 중에서도 그들이 가장 많이 먹는 과일은 살구다. 고기는 아주 적게 먹고 염소나 양젖으로 발효시킨 우유를 마신다. 전체적으로 저칼로리에 채소를 기반으로 해서 자연식품 위주의 식사를 한다. 단백질과 지방을 거의 전적으로 식물에서 섭취한다. 그리고 자연적인 식품만 먹는다. 그들의 식단에는 소금, 설탕, 가공식품 등은 0%이다. 주로 먹는 곡물로는 밀, 보리, 수수, 메밀, 염주 등이다.

(참고: 존 로빈스의 인생혁명, 김은형 역, 시공사)

\<생활건강100 주치의\>

세계 최고로 장수한 사람들의 식단

발효 식품, 밀, 보리, 수수, 메밀, 염주, 씨, 견과류

푸른색 채소
겨자 잎, 시금치, 상추, 당근, 순무, 감자, 무, 콩, 호박

지역에서 재배한 제철 음식

부교감신경과 교감신경 이해

부교감신경을 올리는 게 중요하다. 평상시 깊은 심호흡을 하고 몸은 따뜻하게 해준다. 목욕도 좋다 또한 적절한 운동을 하는 것도 좋은 방법이다. 특히 목을 따뜻하게 해 준다. 그러나 카페인, 술, 담배는 줄이는 것이 좋다.

그리고 부교감신경은 에너지를 비축하면서 신체가 충분한 휴식을 취할 수 있도록 내부 장기의 움직임을 조절해주는 역할을 담당한다. 부교감신경에 좋은 음식으로는 해조류, 야채의 섬유소, 현미잡곡밥, 뿌리채소, 버섯류 등의 자연식품위주의 식생활을 한다.

반면 교감신경에 도움이 되는 음식은 마그네슘이 많이 든 녹황색 채소(브로콜리, 시금치 등)나 비타민B가 많은 음식이 좋다. 또 우유, 두부, 토마토, 표고버섯, 다시마, 바나나, 고추, 견과류 등도 도움이 되는 음식이다.

*참고 : 헬스조선 건강정보, 월간헬스조선 기사, <그림으로 읽는 뇌과학의 모든것>, Naver 지식백과 기사, 나무위키 자료

❖ 당근의 효능

당근은 건강에 최고의 채소다. 특히 눈에 아주 좋다. 뉴캐슬 대학의 커스틴 브란트 박사는 "당근이 몸에 좋으며 암 발병률을 줄인다"고 말했다. 이처럼 당근은 비타민A 영양소를 풍부하게 함유하고 있다.

Chapter 4

신묘한 맘(몸+마음)의
자기치유력

더 오래, 더 건강하게

당신이 건강하길 기원합니다.
당신이 장수하길 기원합니다.

이는 나의 사명입니다.

100세 생활건강 혁명 주치의

+

절대적 '3식' 건강법

100세 생활건강혁명은 삶을 연장시키는게 아니라 생활방식을 바꾸는 것이다. 그래서 찾아냈다. '3식'을 바꾸면 100세 건강혁명 능히 가능하다.

여전히 병원에 가면 의사는 항상 다음의 질문으로 진료를 시작한다.

"그 아픈 곳(병)이 왜 그런지 짐작이 가는 원인이 있습니까? 그리고 혹시 그 병과 관련되어 저에게 해 주실 말이 있나요?, 가족 분 중에 있나요?"

이 물음의 이유인즉, 누구보다 자신의 몸 상태와 원인을 가장 잘 아는 사람이 바로 환자이기 때문이다. 그렇다. 건강을 지켜주는 것은 의사가 아니라 환자다.

병의 근본원인은 생활방식과 사고방식, 그리고 삶의 방식 때문이다. 그래서 이 '3식'을 건강한 생활로 개선하지 않으면 온전한 치유가 될 수 없다. 결국 우리 몸은 본래 가지고 있는 자기치유력으로 치유한다. 그러므로 100세 생활 건강혁명 시작은 '3식'의 변화가 있어야 한다.

지금 감사할 것들이 없어도 감사한 마음을 갖고 사는 것이 중요하다. 감사의 마음가짐이 생활습관을 바꾸기 때문이다. 그동안 몸과 마음을 혹사시키기만 했다면, 사실 몸도 아프면 말한다는 것을 잊지 마라.

세상에는 수많은 건강법이 있지만 사람에게 최고로 좋은 절대적 생활건강법은 '3식' 생활의 균형을 유지하는 것이다. 균형 잡힌 '3식' 생활을 실천함으로 거든히 100세는 넘길 수 있다. 병을 멀리하는 건강한 몸을 유지하고 싶다면 균형 잡힌 '3식' 생활실천이 중요하다.

놀랍게도 자연 속에 있는 거의 모든 식물은 나름의 미세하지만 '독'을 지니고 있다. 그래서 음식은 편중해서 먹는 것 보다 하루 여러 종류의 음식섭취가 이상적이다. 즉 다양한 음식을 조금씩 먹으면 독은 분산되고 체외로 배출할 수 있다.

이는 균형 잡힌 3식 생활을 실천하는 것뿐이다.

100세 생활건강 수업(인문학)

노벨 문학상을 받은 저명한 어니스트 밀러 헤밍웨이가 어떻게 죽었는가? 그는 62살에 두 번 자살위협을 하다가 세 번째 총으로 자살을 하게 된다. 우울증으로 인한 죽음이었다.

헤밍웨이는 사냥과 낚시를 좋아한 의사인 아버지와 미술에 관심을 가진 어머니의 맏아들로 시카고의 교외에서 태어났다. 제1차 2차 세계대전 군인으로 참전했고 박격포화를 맞고 부상을 당했다. 그는 사냥과 낚시를 취미생활로 즐겼고 결혼은 네 번하였다.

미국 현대 문학의 개척자라 불리는 헤밍웨이(1899-1961)는 소설가이자 저널리스트이다. 그의 '노인과 바다' '누구를 위해 종을 울리나' '무기여 잘 있거라' '해는 또다시 떠오른다' '미디안' 등 정말로 멋진 작품들이다. 그가 남긴 말을 보면 "젊은이는 자신이 영원히 살 거라고 믿는다." 즉 늙지 않을 것으로 생각한다. 그래서 인생을 산 사람들은 늙는 것을 두려워한다. 노화의 주된 원인이 바로 근심과 걱정이다.

생활건강 우울증 연구 철학박사로서 말하되, 부정적인 생각이 건강에 영향을 미쳐 부정적인 결과를 가져온다는 것을 전하고 싶다. 특히 노화에 대해 긍정적인 생각을 하는 사람은 부정적으로 생각하는 사람보다 7.5년이나 더 오래 살았다는 결과를 얻어냈다. 그런데 노화에 대한 부정적인 마인드는 건강을 해치고 수명을 단축할 뿐 아니라 현재의 인생을 빨리 노화시킨다는 것이다.

2050년이 되면 100억 인구의 20%가 60세가 넘는 노인으로 전 세계적으로 20억에 이르는 사람들이 100세까지 살 것이다. 그런데 여기에는 외로움(고독)과 우울증과 싸워 이겨야 한다. 그러면서 수명이 늘어나면서 인문학(즐거운 학문)도 함께 늘어나야 한다. 그래야 수명을 건강하게 연장할 수 있다. 단호하게 말하되, 인문학은 수명을 연장시켜 줄 것이다.

'노인과 바다'는 헤밍웨이가 12년 동안의 구상과 200번이나 원고를 고쳐 쓰는 수고 끝에 나온 세계의 명작 중에 명작이다. 그리하여 1952년 노인과 바다에서 인생에 대한 긍정적 인식과 인간 본연의 존엄함을 보여 준 점을 높이 평가해 헤밍웨이에게 노벨문학상을 주기로 결정하였다.

여러분의 건강은 어떤가?

다시 강조하지만, 나의 사명은 여러분이 99세까지 88하게 살도록 아낌없이 돕는 것이다. 그래서 생활건강 100세를 연구하고 가르치고 있다. 내가 생생한 말을 들려주고 싶다. "인생을 즐기는 당신은 앞으로 100세까지 88하게 장수할 것이다. 분명히."

이 생활건강 주치의를 통해서 100세를 장수하게 될 것이다.

묻겠다. "여러분의 건강은 어떻습니까?"

"네, 좋습니다!" 밝은 인사로 시작된다면 오늘 하루도 모든 일이 순조롭고 기분 좋은 날이 될 것이다. 몸도 "네, 좋습니다"로 작용될 것이다. 건강하다는 것, 힘이 솟고 의욕이 넘치는 나날, 속 시원히 일을 해낼 수 있는 원기 왕성한 생활은 생각만 해도 가슴이 후련하다.

건강은 행복의 첫째 조건이며 무엇과도 바꿀 수 없는 소중한 재산이다. 그러나 우리는 그 건강을 너무 소홀히 하고 있지는 않은지? 아침에 겨우 출근 시간에 맞춰 허둥지둥 일어나 식사는 거르고 간신히 회사에 도착하여 커피 한 잔, 쓰린 속을 달래며 담배 연기 속에서 띵한 머리로 한나절을 보내는 게 날마다 반복되고 있다면 이는 건강한 생활은 아니다.

어제 밤까지 과식에다 과음 그리고 간식을 잔뜩 하고나서 늦잠까지 자고 있다면 성인병 후보생이 될 수 있다. 지속되면 심각한 상태가 될 수 있다.

흔히 사람들은 건강이 알약이나 주사, 의료보험으로 쉽게 해결될 수 있는 것처럼 생각하곤 한다. 또 건강은 병원이나 약국에서 다 해결해 줄 수 있는 것처럼 오해하기도 한다. 건강을 잃어버릴 때까지는 별로 관심을 두지 않다가 몸이 아프면 알약 몇 개로 고치려 한다. 치료 기술이나 첨단 의학 기구가 만병통치로 알고 안심해도 좋다고 생각하는 듯싶다. 그러나 결코 그렇지 않다.

시대가 마치 마술처럼 "일주일이면 몇 Kg의 살을 뺄 수 있다." "암 치료약" "이 한 알로 통증 끝!" 며칠만 지나면 세상의 병이 다 사라질 것 같다. 그러나 실제로 어디 그런가? 주위를 둘러보라, 병은 갈수록 늘어만 가고 성인병, 난치병, 정신병, 암, 심장질환 등으로 죽는 사람의 수가 놀랄 만큼 많아졌다. 거기에 사고와 우울증, 자살 등은 계속적으로 증가하고 있다. 무엇을 알 수 있는가? 건강은 하루에 이루어지지 않는다. "로마는 하루아침에 이루어지지 않았다."라는 말처럼 건강도 하루아침에 이루어지지 않는다. 건강은 날마다의 건강한 생활습관으로 쌓아 올려져 가능한 것이다. 잘못된 생활습관을 고치지 않으면 언젠가 질병은 분명히 찾아오고 말 것이다. 그러나 지금부터 시작하여 올바른 '3식'을 고친다면 건강 또한 틀림없이 찾아올 것이다.

생활의학의 재발견

"우리가 우리 몸에 무엇을 집어넣는가와 우리 몸으로 무엇을 하는가?" 이 두 개념을 다 포함한 낱말이 무엇일까? 바로 '라이프스타일 : 생활습관(life style)'이다. 이 생활습관을 잘 들이면 질병들을 예방하고 건강한 100세 인생을 살 수 있다.

미국의학협회 저널(Journal of the American Medical Association)에 발표된 한 연구 보고서에 따르면 미국인 사망원인이 대부분 건강에 해로운 생활습관과 직접 관련이 있다고 하였다.

1위: 빈약한 식사, 불충분한 운동

2위: 흡연

3위: 감염성 질환

4위: 독극물

5위: 총기류

6위: 성행위

7위: 자동차 사고

8위: 마약

(*건강에 해로운 생활습관)

그러므로 최고의 삶의 질과 최대한의 장수를 누리려면 건강한 생활습관을 선택해야 한다. 각자 몇 가지 생활습관을 실천하기만 해도 수명에 굉장한 영향을 끼친다.

습관이 바뀌면 몸도 바뀐다. 미국 로마린다 의과대학의 레이몬 머독(Lamont Murdoch) 박사는 아주 적절한 말을 하였다. "결함 있는 유전은 총알을 장전하고, 생활습관은 방아쇠를 당긴다."

그렇다. 생활습관과 건강은 뗄 수 없는 밀접한 관계가 있다. 미국의 의학자인 브레슬로(Breslow)와 벨록(Belloc)은 생활습관과 건강의 관계를 연구하기 위하여 미국 캘로포니아 지역에 사는 7,000명의 중년남녀를 대상으로 광범위한 조사를 실시했다. 이들은 건강 정도에 따라 구별하는 생리적 나이(physiological age)로 따져 보았을 때, 45세 정도의 남자가 다음의 건강 원칙 중 6-7가지를 잘 따르고 있을 때는 그렇지 않은 사람보다 11년 정도 더 젊거나 오래 살며, 여자의 경우에는 7년 정도 더 젊거나 오래 살 수 있는 것으로 나타났다.

그러므로 생활습관을 잘 들이면 유전적으로 걸리기 쉬운 질병들을 예방할 수 있다. 건강한 생활습관 몇 가지만 실천해도 거뜬히 100세는 살 수 있다. 다음의 8가지 생활습관을 실천해 보자.

① 평생 동안 담배를 피우지 않는다.
② 규칙적으로 운동을 한다.
③ 음주는 아주 적게 한다.
④ 매일 7~8시간 충분히 잔다.
⑤ 정상적인 체중을 유지한다.
⑥ 간식을 하지 않는다.
⑦ 아침을 규칙적으로 먹는다.
⑧ 약물남용을 하지 않아야 한다.

우리 생활의 변화는 심장질환과 암세포에도 지대한 영향을 미친다. 미국 샌프란시스코의 연구팀 결과를 보면, 전립선암 환자들을 두 그룹으로 나눠 1년간 연구했다. 환자 45명은 생활방식과 음식을 바꿨다. 우선 채식으로 식단을 바꾸었다. 신선한 채소, 과일, 정제되지 않은 곡류(현미, 통밀 빵 등), 콩 종류, 견과류, 생선에서 추출한 오메가3 등을 섭취했다. 다음으로 운동은 하루에 30분씩 1주일에 6회 걷는 운동을 규칙적으로 했다. 그 다음으로, 스트레스 관리를 위해 매일 요가를 통한 명상, 또는 스트레칭을 했다. 그 다음으로는 1주일에 1시간씩 그룹으로 모여 간호사와 의사들과 함께 고민이나 문제를 놓고 의논하며 교제하는 시간을 가졌다. 그리고 나머지 48명은 비교 그룹으로 아무 변화 없이 지금까지 살던 방식 그대로 생활하게 했다.

1년 후 놀랍게도, 전립선암의 진행 정도가 생활을 바꾼 그룹의 70퍼센트는 암세포 성장이 정지되었다. 반면 다른 그룹은 9퍼센트만 암세포 성장이 정지한 것이다.[1]

그래서 나도 결론을 내렸다.

100세 건강생활은 후천적인 생활습관을 바꾸면 건강을 향상시키고 수명을 연장시킬 수 있다. 그러므로 건강도 마음먹기에 달렸다. 마음을 단단히 무장하면 못 이룰 일이 없다. 마음의 생각과 육체를 이루는 요소에는 긴밀한 상관관계가 있다.

얼마든지 자기치유력 강화로 100세 건강이 가능하다. 거기엔 조건이 수반된다. 잘못된 생활습관과 사고방식을 스스로 바꾸지 않는 한 자기치유력은 작동하지 않는다. 반드시 일상생활의 개선이 따라줘야 한다. 여기에는 자신의 강한 의지가 필요하다. 개선되어야 자기치유력이 제 기능을 발휘한다.

---

1) 암을 이기는 치유 캠프, 복내 마을 이야기, 이박행, 홍성사(2012).

지금, 내 건강 나이와
정상 체중은?

+

분명 건강한 생활습관을 바꾸면 건강이 보인다. 그러므로 건강한 생활습관과 수명은 관계가 있다. 특히 1973년 미국의 의사인 브레슬로(Breslow)와 벨록(Belloc)는 몇 가지 생활습관에 기초하여 내 건강 나이를 알 수 있다고 하였다. 당신의 건강 나이가 현재 노화 과정을 얼마나 빨라지게 하거나 혹은 늦추는가를 잘 보여준다.

남녀 모두, 건강한 생활습관과 수명의 관계(건강 나이)[2]

고혈압 노인의 건강생활습관과 삶의 질(방소연, 인하대학교)

연령	0-2항목	3항목	4항목	5항목	6항목	7항목
20	+14	+7.0	+0.5	-1.1	-4.2	-9.4
30	+16.9	+9.1	+3.0	-0.6	-4.7	-11.1
40	+19.4	+10.7	+5.4	-0.3	-5.2	-12.9

2) 출처: 습관을 바꾸면 건강이 보인다, 니일 데들리, 시조사(2007).

50	+22.0	+12.4	+7.9	+0.3	-5.7	-14.7
60	+24.5	+14.0	+10.4	+0.8	-6.2	-16.4
70	+27.1	+15.7	+12.8	+1.3	-6.8	-18.2

이 도표를 가지고 자신의 건강 나이를 확인할 수 있다.

예를 들어, 당신이 50세에 7개의 건강한 생활습관을 꾸준히 지킨다면, 당신의 건강 나이는 [50 - 14.7] = 35세이다.

그런데 당신이 40세에 7가지 건강 생활습관 중 2가지만 실천한다면, 당신의 건강 나이는 [40 + 19.4] = 59세이다.

나의 건강 나이? _____

그리고 비만은 만병의 근원이다. 비만은 잘못된 식생활, 스트레스, 수면부족 등과 함께 독소를 증가시키고, 면역력을 떨어트려 각종 질병에 걸릴 위험성을 높인다. 또한 비만으로 인해 자존감이 떨어져서 대인관계를 기피하게 되고 이로 인해 우울증에 쉽게 빠지는 심리적 문제도 유발한다. 따라서 평소 정상적인 체중을 유지한다. 비만을 측정하는 방법은 여러 가지가 있지만 간단하게는 자신의 키(cm)에서 100을 뺀 다음 0.9를 곱하면 자신의 이상체중을 짐작할 수 있다.

정상체중 : 자신의 키(177cm) - (100) = (77) x 0.9 = 69.3kg

나의 건강 체중? _____

그러니까 평소의 생활습관만으로도 더 긴 수명의 연장이 가능하다는 것이다. 잊지 말라, 생활습관을 바꾸면 건강한 100세를 즐길 수 있다.

100세 생활습관 실천수칙

아래에 건강한 생활습관 몇 가지만 실천했더니 남자는 11년 정도를 더 살았고, 여자는 7년 정도 더 젊거나 오래 살았다. 그렇다면 당신이 실천하고 있는 건강한 생활습관 실천 수칙을 적어보라. 그리고 다시 건강한 생활습관을 적용한다.

나:	**타인:**
1)	1) 좋은 사람과 식사하기
2)	2) 산책으로 사색하기(음악)
3)	3) 하루 한 번 30분 이상 걷기
4)	4) 건강한 글쓰기(독서)
5)	5) 탄수화물 먹지 않기

체내 유해 물질을 배출하는데 도움이 되는 식품

우리 인간의 몸은 먹는 대로 몸이 만들어진다. 그래서 익숙한 식습관을 규칙적인 식생활로 바꾸어야 한다. 그리고 음식과 물을 먹을 때는 차갑게 먹는 것보다 따뜻하게 먹는 습관을 갖는 것이 좋다. 그리고 우리 몸은 유해 물질(중금속, 화학 합성)을 밖으로 내보내야 하는데, 장기인 대장과 신장, 폐, 피부를 통해 독소를 배출하게 된다. 체내 중금속과 화학 합성 물질을 배출하는데 도움이 되는 음식들을 평소 자주 먹는 것이 좋다.

체내 중금속 배출에 도움 되는 음식들

- 미역 등 해조류에는 많은 클로렐라를 함유하고 있다.
- 마늘, 녹차도 노폐물을 몸 밖으로 배출시키는데 효과적이다.
- 비타민C도 꾸준히 먹는 것이 좋다.
- 그리고 따뜻한 물을 많이 마신다.

*클로렐라(chlorella): 대부분의 식물, 조류, 남조류에서 발견되는 녹색색소이다.

정병태 박사의 「100세 생활건강 혁명 프로젝트」

확인:

100세 혁명_ "습관은 제2의 천성"

(양식)

번호	실천 사항	세부 지침	점검(주간)					
1								
2								
3								
4								
5								
6								
7								
8								
9								
10								

Chapter 5

내 몸 안의 주치의
'마음약국' 개원

강력한 엔도르핀보다

4천 배 더 센

다이돌핀 호르몬을

분비시켜라

내 몸을 살리는
스스로 치유하는 뇌

✚

신이 내려준 천연물질

하늘의 선물은 신성하다. 신이 내려주었기 때문이다.

특별히 신이 내린 기적의 신비한 호르몬 이야기를 나눌 수 있도록 기회를 주셨다. 이는 참으로 놀라운 발견이었다.

중국에서 지난 4천 5백 년 동안 행해 온 침술이 바로 체내에서 호르몬을 분비하게 하는 방법 중 하나로 알려져 있다. 또한 인간의 뇌는 스스로 치유하는 힘(자연치유력)이 있어 면역 항체호르몬(신경전달물질)을 분비하여 우리의 몸과 마음을 통제한다. 이는 우리의 두뇌와 마음에서 자연호르몬이 분비되기 때문이다. 그러므로 생활습관을 바꾸어 엔도르핀 호르몬을 분비시키면 거뜬히 100세까지 젊고 건강한 삶을 살 수 있다.

우리의 두뇌는 마음이 기쁘면 분비되는 3대 호르몬 물질들이 있는데, 행복의 세로토닌과 사랑의 옥시토신 그리고 숙면의 멜라토닌이다. 물론 기분을 고양시키고 의욕적으로 만들어주는 도파민과 면역력을 증진시키는 엔도르핀 호르몬도 있다. 강력한 다이돌핀도 있고(더 많이 있음). 이 모두가 건강케하는 행복 호르몬 물질들이다.

우리의 뇌에서 사랑, 친근감, 신뢰, 공감 등의 긍정적인 감정이 생길 때 분비되는 호르몬을 알고 있는가?

즐겁게 봉사활동을 하고 진심어린 감사하는 마음을 누리는 사람에게서 절로 마음이 따뜻해져 세로토닌과 옥시토신 호르몬이 펑펑 쏟아진다.

이처럼 우리의 뇌는 사랑, 봉사, 어울림, 애정, 감사, 용서, 공감, 움직임 등의 감정을 느낄 때 행복 호르몬을 분비한다.

사실 말은 안하지만 많은 국민들은 불안해한다. 사회 전반에서 일어나는 바이러스, 좌절, 자살, 중독, 폭력, 갈등, 분노 등이 만연해있다. 또 우리사회는 사교성과 화합 결핍증에 시달리고 있다. 단연 지나치게 이기적이고 이타적인 생활을 잃은 사회로 꼽힌다. 어떤 경우는 공격성 호르몬이 과다 분비되어 과격한 행동을 쉽게 행한다. 거기에다 보복, 과속, 불신, 배신 등이 만연하고 증오, 분노, 갈등으로 가득 차 있다. 그렇다보니 불안과 우울, 좌절을 느끼는 심리적 병에 놓여있다. 결국 사교성과 분노 조절 결핍으로 심각한 사회 정신병리를 만들어내고 있다. 이는 행복감이 주는 세로토닌과 사랑의 관계에서 분비되는 옥시토신 호르몬 결핍상태가 가장 큰 원인이다.

우리는 신이 내려준 최고의 선물인 신경전달물질을 체내에서 적절히 분비해야 건강과 행복한 삶을 누릴 수 있다. 건강한 사교성과 매일의 감사와 기쁨의 삶을 살아야 한다.

일상의 생활습관 바꾸기

122세까지 줄곧 담배를 피운 프랑스의 잔느 칼망(-1997) 이야기이다. 그녀는 세계에서 오래 산 프랑스 여성이다. 그녀의 장수비결은 한마디로 자신의 삶을 사랑하며 하루하루를 소중하게 여겼다는 점에 있다. 살아서 소중한 친구들과 함께할 수 있다는 것 자체가 기쁨이었다고 한다. 그러므로 성공적이며 행복한 삶이란 감사하는 자세와 관대한 마음으로 하루하루 즐겁게 사는 것이다.

체내 호르몬과 뇌 과학을 연구한 자료들을 보니, 가장 좋은 대안은 공격성의 노르아드레날린 신경물질을 차단하고 정신적 스트레스를 완화시킨다. 대신 세로토닌과 옥시토신 호르몬이 늘 분비하게 한다. 즉 감사한 마음을 갖고 기쁘게 생활한다. 일상의 생활습관을 바꾸어 행복 호르몬을 분비시키면 젊고 건강한 삶을 누리며 노화를 더디게 한다.

그런데 세로토닌과 옥시토신 호르몬은 항상 한 짝이다. 어느 한쪽이라도 물질이 증가하면 행복과 안녕은 덩달아 더욱 증폭된다. 일상의 행복한 생활습관으로 스트레스는 완화하고 행복 호르몬을 분비시킨다.

세로토닌과 옥시토신 호르몬 이해

신경물질	세로토닌	옥시토신
유발인자	햇빛, 리듬, 스킨십	친밀, 신뢰, 긍정(봉사)
스트레스	억제시킴	억제시킴
호르몬	행복 물질, 친밀한 인간관계	친근 물질, 따뜻한 사랑

이시형 박사의 건강장수 비결

나는 일찍이 우울증 치유와 관련하여 박사 학위를 준비하면서 신이 내려준 의미적 '마음 약국'을 개원하여 나누었다. 감사한 마음으로 실천하는 올바른 생활습관과 사랑의 관계가 행복 호르몬을 분비케 하여 힐링의 삶을 누리게 한다는 것을 알고 있었기 때문이다. 그래서 감사, 칭찬, 사랑, 행복 그리고 긍정의 믿음이 가득한 세상을 만들어야 한다는 사명을 갖고 이를 실천하기 위해 이 글을 쓰게 되었다. 그리고 호르몬 의사로 불리는 이시형 박사의 건강 장수지침에 큰 영향을 받았다.

지금도 대한민국을 대표하는 정신과 의사 이시형 박사의 열렬한 펜이다. 그의 강의와 책은 모두 섭렵한다. 그는 건강장수 비결로 감사하는 '마음 약국'이라고 전하다.

아침에 일어나면 명상을 하면서 자신의 발을 주무르며, 또 뭉치거나 아픈 내 몸에 손을 대고는 "수고했다, 고맙다, 조심할게, 잘 부탁해." 또 "풀어줘서 고마워, 통증이 없어졌구나."라며 감사의 말을 먼저 건다. 그러면서 한국인은 세로토닌과 옥시토신이 많이 부족하다고 지적하였다.

다음은 이시형 박사가 전하는 건강생활을 통해 행복 호르몬의 효과를 누릴 수 있다고 전한다. 내가 몇 가지를 정리해 보았다.

- 하루하루 사랑과 애정으로 넘치게 한다.
- 사람에게 친근감과 신뢰감을 높인다.
- 스트레스를 줄이고 행복감을 얻는다.
- 분노(화)하는 것을 억제한다.
- 감사함으로 심장 기능을 좋게 한다.
- 규칙적인 운동을 한다.

　　(참고서적: 이시형 박사, '옥시토신의 힘', 이지북)

따뜻한 행복 호르몬

서로 사랑하는 두 남녀는 상대방의 뇌에 쾌감과 따뜻함, 애정의 마음을 불러일으키는 감정 호르몬의 분비를 촉진시킨다. 특히 세로토닌은 기쁨, 편안, 행복 물질로서 일상의 삶에서 분비하는 것이 최고의 힐링이다. 절제와 조절이 가능하고 개인의 행복을 위한 호르몬이다. 반면 옥시토신은 한마디로 사랑의 호르몬이다. 좋은 인간관계는 물론 개인의 사교성과도 밀접한 관련이 있다. 친밀감의 표시인 터치(악수, 포옹, 토닥거림, 친절한 인사)와 따뜻한 말들은 좋은 인간관계 형성에 양념구실을 하고 옥시토신 호르몬을 분비하게 한다. 또 즐거운 식탁, 행복한 담소, 좋은 음식을 맛있게 먹는 것도 옥시토신의 분비를 촉진한다.

뇌 속 행복 호르몬 분비는 쾌적, 편안, 행복 등을 주는 물질이다. 이는 올바른 가치관, 배려, 나눔(봉사), 베풂, 절제와 품격을 갖춘 생활을 이끈다. 이를 테면 따뜻한 마음으로 악수나 키스, 포옹 즉 사랑의 스킨십을 하면 인슐린과 에스트로겐, 엔도르핀, 옥시토신 등의 물질이 분비되어 인체의 면역 기능이 높아지고 스트레스의 생성이 억제된다. 또한 분위기 있는 스킨십을 규칙적으로 하는 사람은 그렇지 않은 사람보다 장수한다는 연구 결과도 있다.

그런데 모든 행복 물질에서 가장 좋은 호르몬 분비는 바로 긍정의 웃음과 감사함 그리고 사랑의 칭찬 등이다. 그래서 따뜻한 안김과 입맞춤 등은 행복 물질을 촉진시킨다. 또 박수치며 유쾌하게 웃을 때나 노래를 부르고 들을 때, 매우 행복해 할 때도 세로토닌 호르몬이 분비된다.

심리학자인 얀 아스트롬 박사의 연구에 따르면, 하루에 꾸준히 사랑의 포옹(그루밍), 키스, 스킨십 등을 한 그룹은 그렇지 않은 그룹에 비해 혈압은 낮아지고 대신 옥시토신, 세로토닌의 호르몬 분비는 높아졌다고 한다. 그러므로 행복하여 따뜻한 악수, 눈 맞춤, 포옹, 격려, 사랑의 스킨십 등은 행복물질 분비를 높여준다.

얼마 전 즐겨 시청하는 방송에서 세계적인 장수촌을 조사한 결과를 보았다. 장수촌 사람들의 특징을 보니 한마디로 세로토닌-옥시토신 호르몬이 분비되는 일상생활을 누리고 있었다. 그 장수촌의 특징 몇 가지를 요약하면 다음과 같다.

장수촌 사람들의 일상생활 특징들

- 매일 적절한 운동을 한다.
- 건강한 식습관을 갖는다.
- 금연한다.
- 매일 낮잠을 잔다.
- 기분이 안정되고 이웃과 잘 지낸다.
- 사랑이 넘치는 생활을 한다.
- 소소한 것에 감사한다.

뇌가 젊어지는 비법

✚

125세 뇌 내 혁명

기원전 460-375년, 의학의 아버지 히포크라테스(Hippocrates, BC 460-377)는 다음의 말을 남기었다.

"수명은 짧고 의술은 길며 기회는 순식간에 지나가고 경험은 의심스럽고 판단은 어렵다. 의사는 자신이 해야 할 일을 하는 것은 물론이요, 환자, 간병인, 외적 여건도 맡은 바 일을 하도록 만들어야 한다."

국제학술연구단체(NAPA)가 연구한 결과를 보면, 수명이 길어진 인간이 인생 말년에 골골거리는 원인으로 대사증후군을 손꼽는다. 그런데 대사증후군은 평생 몸에 익은 생활습관에서 비롯된다.[3] 대사증후군(metabolic syndrome)은 여러 가지 신진대사와 관련된 질환이 동반된다(

---

3) 100세 혁명, 노진섭, 시사저널사, 2017.

증후군)는 의미에서 만들어진 용어이다.[4] 이는 심뇌혈관질환 및 당뇨병의 위험을 높인다. 또한 체지방 증가, 혈압 및 혈당 상승, 혈중 지질 이상 등의 이상 상태들의 집합을 말한다.

베스트셀러 <뇌 내 혁명>의 저자 하루야마 시게오는 인간 수명이 125세까지 건강하게 살 수 있다고 말한다. 그 장수의 비결을 '뇌 내 호르몬'이라고 하였다. 올바른 생활습관과 바른 식생활 그리고 맘을 다스려 호르몬과 면역 항체를 효과적으로 조절하면 충분히 건강한 삶을 지키며 수명을 연장시키는 건강혁명을 일으킬 수 있다. 그런데 우리가 화를 내거나 분노, 증오, 두려움과 스트레스를 받으면 뇌에서 노르아드레날린이라는 물질이 분비되어 몸에 독성을 주게 된다. 이 호르몬은 노화를 촉진하여 결국은 질병에 걸리게 된다.

그러므로 하루야마 시게오 의사의 말대로 뇌 내 모르핀 호르몬의 분비는 노화를 방지하고 자연치유력을 높여 준다는 것을 확실히 보여준다. 무엇보다도 뇌 내 모르핀은 장수의 비결이기도 하다.

---

4) 서울아산병원 자료실: http://www.amc.seoul.kr/asan/healthinfo/disease/diseaseDetail.do?contentId=32084

100세를 넘어서는 자기치유력

자기치유력(self-healing power)이란 인간의 몸이 질병으로부터 자신을 지키기 위해 태어나면서부터 지니고 있는 힘을 말한다. 그리고 그 중심에는 백혈구를 관장하는 '면역'이 존재한다. 그런데 자기치유력도 심각하게 손상되면 회복 과정을 거쳐야 한다.

한 연구기관이 생쥐들을 대상으로 실험을 했다.

생쥐의 한 집단은 쳇바퀴가 있는 환경에서 키웠다. 빠르게 걷기 운동을 하도록 했다. 다른 생쥐 집단은 쳇바퀴가 없는 평범한 환경에서 키웠다. 운동을 별로 하지 않고 평범한 환경에서 자란 쥐들은 예상했던 대로 신경퇴행성 운동 장애가 발병했다. 그러나 빠르게 걷고 자극을 많이 받은 쥐들은 발병 시점이 확연히 늦춰졌다. 끔찍한 유전적 신경퇴행성 질환이 걷기와 운동자극을 통해 호전되었음을 알 수 있다.

미국 사회를 풍미하고 있는 <소망실현 성공법칙>의 기본 원리는 '좋은 생각을 하면 좋은 일이 생기고, 나쁜 생각을 하면 나쁜 일이 생긴다'는 내용이다. 그런데 이 내용이 과학적으로 명확히 밝혀졌다. "좋은 생각을 하면 좋은 호르몬이 분비하기 때문에 뇌가 젊어지게 돼, 건강한 삶을 살 수 있다." 그러니 우리 모두 좋은 생각으로, 플러스 맘으로, 절대 긍정 태도로 뇌를 젊게 하고 노화를 더디게 하여 건강한 삶을 누리게 된다.

옛말에 '좋은 일이 생기면 밥 안 먹어도 배부르다'는 말이 있듯이 긍정적인 생각은 온 몸 혈관을 순환시키어 노화를 더디게 하는 작용을 한다. 그래서 건강한 사람의 노화 속도를 결정하는 순서로 **'감정**(맘) > **운동 > 영양'** 순이다.

결국 마음이 즐거우면 건강한 삶을 누릴 수 있다. 그러므로 긍정의 마음가짐은 100세를 꿈꾸며 삶을 더 풍요하게 살고 싶은 사람들에게 필수적인 자기치유력이다.

<생활건강100 주치의>

자기치유력 이해

'자기치유력(自己治癒力 self-healing power)'이란 특별한 외적 치료 없이도 스스로 병을 치유하는 힘이다. 자연치유력과 같은 말이다. 그런가하면 자기치유력은 '면역력(immunity 강화)'으로 불리기도 한다. 여기에는 면역, 대사, 내분비계(endocrine system)[1], 자율신경, 그리고 정신(몸과 마음) 모두가 유기적으로 균형을 이루어야 자연스럽게 면역력이 강화된다.

이러한 자기치유력이 균형을 유지하여 제 기능을 적절히 발휘해 주어야 평형역동성(항상성 homeostasis)[2]을 유지하여 건강한 심신을 갖게 된다. 이때 매일의 스트레스에도 잘 대처하게 된다. 흔히 자동정상화장치라고도 한다.

건강하다

건강하다 = 자기치유력 / 자연치유력 / 면역력 / 항상성

인간은 누구나 스스로 치유할 수 있는 힘을 지니고 있다.

특징:
세포들은 한시도 쉬지 않고 매우 역동적으로 변화한다.

---

1) 내분비계(endocrine system)는 호르몬을 혈류로 분비함으로써 몸에 영향을 미친다.
2) 인체는 어느 한 곳에 불균형이 생기면 스스로의 힘으로 자연스럽게 불균형을 완화하는 방향으로 움직인다.

Chapter 6

인문학으로 힐링
공자와 소크라테스의 건강법

인문(人文)은
약(藥)이다

-정병태 박사

인문약(藥)으로 힐링하기

✚

72살을 장수한
공자와 소크라테스의 건강법

나는 인문학 학습 시 '인문학은 힐링이다'라고 외치는 것으로 시작한다. 사실 '인문(人文)은 약(藥)이다'라는 말은 필자가 만들어 사용하는 실천적 라이프스타일이다.

공자의 <논어>를 좋아하는 나는 매주 여러 사람들과 함께 여기저기에서 실용적 인문학을 가지고 학습하며 즐기고 있다. 인문 약(藥)을 복용시킨다. 고전 삶의 진수 <논어>에는 세월이 흘러도 결코 변하지 않는 가치를 담고 있다. 장수한 공자(孔子, 기원전 551-479년 72살)의 건강습관을 보면 크게 3가지 인문학을 실천하였다.

하나, 배불리 먹지 않았고 절대로 과음하지 않았다.

둘, 적절한 걷기(산책) 운동을 꾸준히 하였다.

그리고 셋째는, 매일 학습하고 독서를 즐겼다. 즉 인문적 삶을 일상에서 실천했다는 것이다.

또 우리는 서양 인문학 소크라테스(기원전 470-399년)를 매주 즐거이 복용한다. 그 역시 72살까지 장수하였다. 그 당시 아테네 사람들의 평균 수명은 20-30살 정도였고 오래 살면 40살이었다. 악법에 의해 독배를 마시고 죽은 소크라테스의 사색과 호기심 그리고 독서와 토론 등이 장수의 요인이 되었다. 한마디로 인문(人文) 약(藥)을 복용했다.

한번은 고전 명의 '소문(素問)'이라는 책을 보게 되었다. 기원전 1-2세기에 쓰여 진 고대 중국 의학 교과서인데, 이 <소문>에는 감정과 장기의 관계가 자세히 기록되어 있어 소개한다. 외워 실천하면 건강한 인생을 안내하는 진수가 될 것이다.

○ 분노는 간을 상하게 한다.

○ 과도한 즐거움은 심장을 상하게 한다.

○ 지나친 생각은 비장을 상하게 한다.

○ 슬픔은 허파를 상하게 한다.

○ 공포는 신장을 상하게 한다.

○ 마음이 아프면 몸이 아프다.

한마디로 건강도 마음먹기에 달렸다는 의미이다. 그래서 깊게 사유(생각할 사思, 생각할 유惟)하는 기술이 질병도 능히 이긴다. 근대 철학의 아버지로 불리는 데카르트(1596-1650)는 사유란 의심하고 이해하며 긍정하고 부정하며 의욕하고 의욕하지 않으며 상상하고 감각하는 것, 즉 의지, 상상, 감각도 사유의 한 부분이라고 보았다. 이는 정신을 강조한 결과로 "나는 생각한다. 고로 존재한다"라는 존재 인식을 이끌어 냈다. 그러면서 자신의 존재까지 의심한다. 그렇다. 데카르트의 사유적 작업은 모든 것을 의심하고 그중에서 참된 것을 찾는 것이다. 마치 '모래에서 바늘 찾기'였다.

프랑스의 대표적 수학자, 근대철학자 '르네 데카르트(1596-1650)'

힐링의 인문학

11세기 스코틀랜드 왕을 모델로 한 작품이자 셰익스피어 4대 비극(햄릿, 오셀로, 리어왕, 맥베스) 중 하나이며 인간의 욕망을 담은 <맥베스>에서는 뱀 고기와 도마뱀 눈알, 상아 위장 등을 약(藥)으로 사용했다고 한다. 화학의 아버지로 불리는 로버트 보일(1627-1691)은 질병 치료에 벌레, 말똥, 인분, 시신의 두개골에서 자란 이끼 등을 약으로 사용했다. 16세기 이후에는 매독 치료제로 수은을 사용했고, 19세기 후반 무렵이 되어서야 의약품은 비로소 많은 사람의 생명을 구하고 평균수명을 연장하는 데 기여한다.[1]

지적(知的) 호기심은 창조성의 시발(始發)이다. 결국 젊음과 건강의 비결을 만드는 비밀이기도하다. 인문(人文)은 글자 그대로 인간의 문양(文樣)이다. 자신의 문양을 골라 아름답고 당당하고 근사하게 삶을 살도록 응원하고 이끄는 게 인문학의 궁극적 지점이다.

현대병은 스트레스에 의한 마음의 병이다. 물질이 풍족하고 인맥이 넓어도 속내는 고독하다. 그래서 눈에 보이지 않는 마음의 병은 고치기가 더 힘들다. 특히 현대인의 마음의 병이 우리나라에서 더 심각하다(OECD 회원국 중 자살률과 우울증 상위). 그래서 인문약(藥)을 알리는 일환으로 나는 줄기차게 가르치며 '인문학은 힐링이다'라고 외치고 다닌다.

---

1) 뇌내혁명, 하루야마 시게오, 역 반광식, 사람과 책(2016).
　세계사를 바꾼 10가지 약, 사토 겐타로, 역 서수지, 사람과 나무사이(2018).

최근 우리나라 평균수명이 83세로 높아졌다. 그래서 암과 교통사고가 아니면 90-100세가 되기 전에 세상을 떠나는 사람은 그리 많지 않다. 그러나 100년 전만 해도 사정은 전혀 달랐다. 평균 수명은 42세 정도였다. 인류의 시작인 선사시대에는 인간의 평균수명이 15세에 불과했을 것으로 추정한다. 이는 모두 생활건강관리와 건강상식, 보건 의약품이 수명을 연장시켜 준 것이다.

알면 약(藥), 모르면 독(毒)

알고 있듯이 단백질(protein 화합물)은 몸이 정상적으로 기능하는데 반드시 필요한 질소를 제공한다. 또 우리의 신체세포를 구성하는 주요한 성분이다. 우리가 일상적으로 섭취하는 육류, 생선, 달걀, 유제품, 채소, 곡물 등에 단백질이 들어있다. 그리고 염분(소금)은 살을 빼려는 사람들에게는 적이다. 과하게 섭취할 경우 건강에 독(毒)이 된다.

특히 고혈압, 심혈관계질환, 위암, 골다공증은 과도한 염분 섭취와 상관관계가 높다. 대신 행복한 사람의 호르몬 분비는 스스로 자기치유력이 있어 세균을 죽이고 질병을 예방한다. 또한 행복과 사랑의 신경전달물질은 면역력을 높여 건강하게 해준다. 그래서 1차 방어벽으로는 피부, 청각, 눈물, 침 등이 있다. 그런데 우리의 분노, 비난, 죄책감, 두려움, 스트레스 등은 치명적인 독으로 작용된다.

인문학적 언어치유

인간만이 동물과 달리 높은 수준의 사고와 의사소통을 통해 행복한 삶을 누릴 수 있다. 특히 언어라고 불리는 정교한 의사소통 체계를 발달시켰다. 수천 가지의 말이 생겨났다. 그래서 나라(민족)마다 고유한 언어가 존재하듯 인간만이 특별한 의사소통 체계인 '언어'를 사용한다. 그 언어로 사회와 문화 그리고 인류를 만들었다. 그래서 요즘 인문학적 언어치유가 학문적 자리를 잡아가고 있다. 그리고 의사소통을 가로막는 장벽을 발견하고 제거한다.

치료와 치유는 건강한 회복을 향한 인문학의 역할이다. 병을 낫게 하는 행위로서의 '치료'나 심리적인 면에 초점을 둔 '치유'라는 용어도 다 '힐링(healing)'이라는 원어 그대로의 표현을 많이 사용한다. 한 예로, 음악치료는 예술치료의 한 분야로써 음악을 심리치료에 활용하는 분야이다. 따라서 이미 인문학의 여러 분야에서 상당히 오래 전부터 치료나 치유와 같은 용어가 포함되어 언어치료, 문학치료, 예술치료, 철학치료, 미술치료, 음악치료, 놀이치료, 상담치료, 산림치료, 독서치료 등.

다양한 학문적 배경과 역사를 갖고 활동 영역을 넓혀가고 있다. 실로 요즘 여러 분야에서 쉽고 다양하게 인문학적 치료의 현장을 접할 수 있다.

문사철(文史哲)로 대표되는 인문학 즉 문학, 역사, 철학 분야에서도 고유한 차원의 치유적 기능을 찾을 수 있다. 현대에 와서는 인문학적 치유 기능이 실제 사례에 대한 적용과 검증의 차원으로 정교화 되었다. 예로 철학치유학, 문학치유학, 역사치유학과 몸(마음)치유학, 자연치유학 같은 개별 학문명으로 구체화되어 가고 있다.

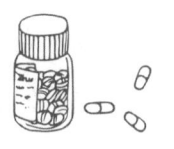

듣는 '마음 약국' 개원

+

듣기 좋은 소리치유

의사 토마티스의 격언을 보면 "귀는 뇌에 연결된 배터리이다"라고 하였다.

항상 새로운 패러다임은 기존의 생각과 환경을 뛰어넘는 것들이다. 그래서 독일의 철학자 쇼펜하우어(Schopenhauer, 1788-1860)는 "재능 있는 사람은 남들은 맞히지 못하는 과녁을 맞히고, 천재는 아무도 보지 못하는 과녁을 맞힌다"라고 말했다. 이런 사람이 도약자(leaper)이다.

참으로 듣기 치유는 매혹적이고 놀랍고도 가슴 뭉클하다. 더불어 뇌 치유의 미래를 전할 수 있어 기쁘다. 우리의 뇌와 마음, 몸, 그리고 주위의 에너지는 서로 연결되어 있음을 알아야 한다. 그리고 토론토대학교의 정신의학 교수 노먼 도이지의 베스트셀러 <기적을 부르는 뇌>와 <스스로 치유하는 뇌>를 만난 것은 나에겐 최고의 행운이었다. 읽으면 누구나 배울 수 있는 간단한 방법으로 우울증과 치매의 위험을 대거 줄이고, 노화를 더디게 하며 건강을 향상시키는 법을 배울 수 있었다. 물론 나의 철학 박사(Ph.D) 논문 역시 우울증 치유와 관련이 있었기에 더 확신을 갖게 되었다.

나는 국내에서 처음으로 의미적 '마음 약국'을 개원하여 효과가 좋은 비조제 마음 약(藥)을 나누고 있다. 요즘 우리 사회 주변을 살펴보면 소리치료, 음악치료, 예술치료, 마음치료, 긍정심리치료, 명상치료, 독서치료 등 비의료적 치유 행위가 활발하게 확산되고 있다.

토마티스 효과

사실 얼마 전만해도 소리치료를 한다고 하면 돌팔이로 치부했을 것이다. 그러나 이비인후과 알프레드 토마티스(Alfred Tomatis: 1919-2001, 프랑스 파리) 의사는 소리치료 분야를 개척했다. 그는 목소리와 두뇌, 귀 사이의 밀접한 관계를 연구하는데 평생을 바친 이비인후과 의사이다.

알프레드 토마티스는 조산아였다. 그리고 자신이 큰소리로 읽을 때 수업을 가장 잘 배우게 되었다고 한다. 의사가 된 후도 '사람은 귀로 노래한다'라는 말 때문에 사람들의 비웃음을 샀다. 하지만 최초로 음악을 기반으로 한 감각자극 토마티스 요법을 만들어낸다. 한마디로 토마티스 효과(Tomatis Effect)는 좋은 듣기다. 즉 '귀로 들을 수 있는 것만 목으로 소리를 낼 수 있다' 는 것이다. 토마티스 의사는 좋은 노랫소리를 들려주는 '전자귀' 장치를 발명했다. 이를 통해 듣는 능력을 통해 환자를 치유하였다. 좋은 듣기가 활력을 불어넣고, 행복감을 증폭시켜 좋은 기분을 만든다.[2] 토마티스는 결론을 내렸다. 귀는 뇌에 연결된 배터리이다. 그리고 말소리는 오른쪽 귀로 들어간다는 것을 밝혔다.

이비인후과 의사 토마티스가 여느 환자를 치유하는 훈련법을 보면, 우선 큰 목소리로 모음을 발음하게 하고 문장을 반복하게 함으로써 말의 흐름을 부드럽게 했다. 이러한 노력 덕분에 환자는 더 활기차고 강해졌으며 표현력과 음색이 풍부하게 되었다. 따라서 읽기, 쓰기, 표현력을 향상시키기 위해 의식적으로 크게 읽도록 했다. 이러한 연습은 소리가 오른쪽 귀로 들어가게 만들었다.[3]

토마티스 박사는 <기적을 부르는 뇌>라는 책에서 태아가 어머니의 목소리를 알아들을 수 있다고 했다. 그러니까 태아는 엄마의 언어를 통해 닿는다. 물론 태아는 엄마의 목소리가 전하는 메시지를 이해하지는 못하나 그 메시지에 실린 감정을 느낀다.

그렇다. 우리의 귀는 다 듣는다. 오른쪽 귀로 들어온 좋은 듣기는 힐링으로 작용한다.

---

2) Tomatis, Conscious Ear, p.55
3) 스스로 치유하는 뇌, 노먼 도이지, 장호연 역, 동아시아, p.447-457.

듣기 좋은 소리 내기

철학자 플라톤이 쓴 <국가>에 보면 소크라테스가 대화하는 장면이 나온다.

"그래서 내가 말했네. 글라우콘, 음악교육은 그 어떤 것보다 강력한 도구라네. 왜냐하면 리듬과 화성은 영혼의 깊은 내면으로 침투하여 강력하게 붙들어 매기 때문이지."[4]

심각한 스트레스는 뇌를 자극하고 염증을 일으킬 수 있다. 그래서 나쁜 목소리는 마음과 감정에 심각한 타격을 입힌다. 이유인즉, 목소리가 유대감을 만들고 스트레스가 독소를 만든다. 그러나 듣기에 기분 좋은 목소리를 들으면 옥시토신이 뇌에서 분비된다. 옥시토신이 분비되면 차분하고 따뜻한 기분을 만들고 온화한 감정과 유대감을 증가시킨다. 또한 표현력이 향상된다. 결국 좋은 듣기로 옥시토신이 분비되고, 이는 우울을 딛고 일어서게 만든다. 그리고 따뜻한 사랑의 관계를 맺게 한다.

다음은 1990년대 언론 매체에 소개된 내용이다.

대학생들에게 하루 10분 정도 모차르트 곡을 듣고 공간 추리시험을 치르게 했더니 더 높은 점수가 나왔다. 결국 음악 듣기, 듣기 좋은 소리는 지능지수를 높일 수 있다는 의미이다. 그러므로 듣기의 첫 단계는 듣기 좋은 소리를 듣는 것이다. 음악은 기분을 끌어올리며 따뜻한 사랑의

---

4) 국가, 플라톤, 천병희 역, 도서출판 숲, p.92.

옥시토신과 도파민 호르몬을 분비시켜 준다. 이는 쾌락과 동기부여를 증가시키기 때문이다.[5] 결국 듣기 좋은 소리, 말하기는 활력을 불어넣어 주고 가슴을 부풀려 깊은 호흡이 가능해진다. 이는 우리의 뇌에 힐링으로 작용한다.

우리의 일상이 모차르트 음악을 듣듯이 듣기 좋은 소리를 들어야 한다. 물론 리듬의 좋은 말하기도 함께. 의도적으로 좋은 음악이나 좋은 목소리를 듣고, 기분 좋은 말하기로 활력과 감성적 능력을 더 좋게 만들어 주어야 한다. 듣기 좋은 소리는 곧 치유이기 때문이다.

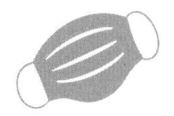

5) 스스로 치유하는 뇌, 노먼 도이지, 장호연 역, 동아시아.

<생활건강100 주치의>

실천, 감사하는 마음 전하기

적극적인 감사 생활은 스트레스, 화, 걱정, 우울감, 두려움 등, 불안한 정서들을 완화시킴으로서 건강을 증진하고 면역계를 강화하며 몸의 치유를 촉진한다. 그러므로 감사하는 마음을 일상에서 실천해보자, 강력한 힐링으로 작용하게 될 것이다.

감사원리　　　　　　　**[실천 결과]**

감사하는 마음 ▶	소화 작용을 촉진함.　마음이 평온해 짐. 심장 박동이 느려짐.　스트레스가 감소됨. 혈압이 떨어짐.　　면역계의 활동 증가. 자아존중감 향상.　행복감 증가. 외로움 감소.　　자살 충동 감소. 화, 분노 등 완화.　창의적 사고.

감사 실천 후, 반응과 효과적기

번호	항목	1주	2주	3주	4주	5주
1	성격개선, 마음가짐					
2	인간관계, 태도					
3	스트레스, 갈등, 우울감					
4	자부심, 자신감, 꿈					
5	풍성함, 성공, 성과					
6	건강상태, 삶					
7	조직력, 리더십,					
8	설득, 대화					
9	자아존중감, 행복감					
10	감사하는 마음					

*기간과 항목은 자유롭게 변경할 수 있다.

Chapter **7**

긍정의 암시법
센 자기암시 약(藥)

말하는 대로 된다

크게 생각할수록
크게 이룬다

자기암시법 창시자
약사 '에밀 쿠에'

✚

위약(僞藥) 효과

위약 효과란 자신이 바라는 것을 지속적으로 표현함으로써 그대로 이루어지게 되는 자기암시법을 의미한다. 어쩌면 의사들이 가장 싫어하는 말일 수도 있다. 긍정의 생각과 언어가 건강에도 영향을 끼친다는 것이 맞는 말이기 때문이다.

프랑스의 약사이자 심리치료사로서 무의식과 암시의 본성을 탐구함으로써 응용 심리학에 깊은 영향을 미친 약사 에밀 쿠에(Emile Coue, 1857-1926)는 "나는 날마다, 모든 면에서, 점점 더 좋아지고 있다"라는 결정적인 언어치유의 대표되는 인물이다. 1922년 저서 <자기암시>를 출간하여 비웃음을 샀다. 의학계로부터 외면을 당했지만 효과가 나타나자 전 세계에서 가장 강력한 자기암시 요법의 창시자로 알려지게 된다.

그는 어렸을 때부터 과학에 대한 열정으로 가득했다. 순수 화학자가 되고 싶었으나 가정 형편 때문에 결국은 약사가 되었다. 그리고 28세에 본격적으로 연구하다가 '위약(僞藥) 효과(플라시보)'를 확인하게 되었고, 이를 더욱 발전시켜 '자기암시법'을 창시했다. 약사 에밀 쿠에는 상상이 의지보다 힘이 세지만 자기암시를 통해 상상을 통제할 수 있다고 하였다.

한 환자가 소문을 듣고는 에밀 쿠에 박사에게 찾아와 말했다.

"두통을 낫게 해 주세요."

쿠에 박사는 다음과 같이 처방해 주었다.

"아닙니다. 억지로 말하거나 확신 없는 말은 안 됩니다. 자신에게 '나을 거야.'라고 말하지 말고, 확고하게 '지금 점점 좋아지고 있다.'라고 말하십시오. 날마다 아침저녁으로, '나는 날마다 모든 면에서, 점점 더 좋아지고 있다.'라고 자신한테 30번씩 말하세요. 그러면 실제로 그렇게 됩니다."

"나는 날마다 모든 면에서, 점점 더 좋아지고 있다"

"Day by day, In Everyway,
I am getting better and better"

_ Emile Coue

약사 에밀 쿠에의 자기 암시법

어느 날 에밀 쿠에 약사에게 잘 알고지내는 사람이 의사 처방전 없이 급히 찾아와서는 "시간이 늦어 병원에 갈 수도 없고 당장 아파 죽을 지경이니 약을 지어 달라"고 요청했다. 쿠에 약사는 처방전이 없었기 때문에 처음에는 거절했으나, 그 사람의 사정이 딱하여 거짓말을 했다. 즉 그 사람이 말하는 통증에는 실제로 아무 효과도 없으나 인체에 아무런 해도 끼치지 않는 포도당류의 알약을 지어주었다. 며칠 후 에밀 쿠에가 우연히 길에서 그 환자를 다시 만났다. 그런데 그가 던지는 말이 의외였다.

"선생님, 감사합니다.
지난주에 주신 그 약이 무슨 약인지 몰라도
참 신통합니다. 그 약 하나 먹고 깨끗하게 나았는걸요.
좋은 약 처방해주셔서 참으로 고맙습니다."

어떻게 이런 일이 있을 수 있었을까? 분명 약사 쿠에가 준 약은 아무런 효과도 없는 포도당류 약이었는데 말이다. 답은 환자의 믿음이었다, 바라는 대로 이루어지는 자기암시법. 즉 자신이 믿고 있는 약사가 전해준 말에 대한 절대 믿음, "나을 수 있다" "아프지 않을 것이다"라는 확신이 있었기에 약의 성분과 상관없이 통증이 나을 수 있었던 것이다.

읍내조차 없는 시골에서 자란 나도 약국이나 병원이 없던 깊은 산촌이라 수시로 배가 아프거나 머리가 아플 때면 할머니가 그 아픈 곳에 손을 올려놓고는 "우리 손자 배 아픈 것 다 나았다, 아프지 말거라!" 그런 주문으로 아픈 상태를 치유해 주었던 것을 생생하게 기억한다. 또 머리가 아프다니까, 심지어는 할아버지의 알 수 없는 약을 "먹어 봐, 아프지 않을 거야!"라는 말을 의지하여 먹었다. 잠시 후 정말 깨끗하게 나은 것을 경험했었다.

그렇다. 긍정의 나을 수 있다는 기대는 그대로 긍정의 결과를 만들어 낸다. 긍정적인 자기암시가 우리 몸과 마음을 변화시킨다.

약사 '에밀 쿠에'의 자기암시요법

나는 사랑 안에서,

아픈 곳이 이미 깨끗이 치유되었음을 믿습니다.

내 '_____'(질병, 문제)이 낫기를 바라며

곧 치유될 것을 확신합니다.

건강으로 회복되어짐에 감사드립니다.

더 이상 아프지 않다.

건강해서 고맙습니다.

나아서 기쁘다.

실전, 바로 써 먹는
자기암시 처방전

✛

    스스로에게 믿음의 생각을 주입시키는 자기암시법은 의식적으로 무의식을 통제하고 다스린다. 진심으로 자신을 믿고 긍정적 자기암시로 무의식을 변화시켜 문제를 해결할 수 있다. 약사 에밀 쿠에는 항상 똑같은 것을 반복해서 말했다. 자기암시는 인간의 선천적인 능력이며 신비롭고 무한한 힘을 갖고 있다. 누구든 절대 긍정적인 자기암시법을 활용하여 개선시킬 수 있다.

    다음의 사례를 상황에 맞게 바꾸어 일상생활에서 적용해 보자. 긍정의 자기암시로 치유의 효과를 보게 될 것이다. 반복적인 '아브라카 다브라'야 한다.

※일러두기 :
아래의 자기암시법 처방은 개인적인 견해이며 뇌의 호르몬 물질 분비와 절대 긍정의 에너지를 작용시켜야 된다. 그리고 일상의 습관과 식생활의 변화도 함께 병행되어야 효과를 본다. 이 에밀 쿠에 자기암시법은 사람마다 그 효과가 다를 수 있다. 그러나 부작용은 없다.

✦ 통증을 치유하는 약 ✦

지금 통증이나 피로로부터 회복하고 싶다면 자기암시의 힘을 믿고 시행한다. 혈액순환을 돕고, 피로, 소화, 통증 등의 치유를 돕는다.

"피로는 사라진다"
"혈액이 잘 순환한다"
"와! 소화가 잘 된다"
"통증은 완전히 사라질지어다"

✦ 정신을 변화시키는 약 ✦

자기암시는 정신적 질환의 치유에도 도움이 된다. 우리의 뇌에는 낡은 본능, 나쁜 생각, 게으른 태도, 그릇된 습관과 관념 등이 깊이 박혀 있다. 따라서 자기암시를 통해 새롭게 교체작업을 하면 도움이 된다.

"낡은 본능은 빠져나오라"
"부정적인 생각을 바꾼다"
"나쁜 관념과 습관을 새로운 것으로 교체한다"
"바른 행동을 하겠다"
"낡은 사고는 파괴하라"

✦ 성공을 부르는 약 ✦

성공한다는 확신을 가지면 그 꿈은 현실이 된다. 성공할 기회를 가져오게 된다. 먼저 성공을 부르는 마인드를 가져라.

"나는 성공할 것이다"
"우리 회사는 큰 번창을 누리게 될 것이다"
"나는 부자다"
"생생하게 큰 꿈을 꾸고 있다"
"성공은 언제나 나의 편이다"

✦ 자존감을 키우는 약 ✦

날마다 30번씩 반복하여 외친다. 자존감을 키우게 된다. 긍정적인 자기암시법은 탁월하다. 절대 부작용이 없을 것이다.

"된다, 된다, 나는 잘 된다"
"하자, 할 수 있다, 해 보자"
"하는 일마다 잘 된다"
"즐기는 자가 이긴다"

✦ 자신감을 키우는 약 ✦

보이는 거울을 향해서 자신에게 자기암시법을 날마다 30번씩 외친다. 자신감을 키워 줄 것이다.

"나는 멋지다!"
"나는 미인이다"
"난 자신감으로 가득 차 있다"
"난 할 수 있다"
"난 부자다!"

✦ 리더십을 세우는 약 ✦

부모가 자녀에게 칭찬의 약을 매일 복용시킨다. 직장에서 함께 일하는 동료들에게 칭찬을 먹인다. 이는 성과를 내게 한다.

"오늘도 참 잘했어"
"정말 수고했어"
"밥 먹었니"
"그래도 잘 했다"
"틀려도, 괜찮아"

"참 지혜로운 선택이다"

"역시 과장님은 이 분야에서 최고입니다"

✦ 태아에게 먹이는 약 ✦

잉태된 아이는 엄마가 마음속에 품었던 대로 외모와 특징을 가지고 태어난다. 태 안에 있을 때부터 엄마가 끊임없이 자신에게 준 암시를 자연스럽게 받아들여서 태어난다. 그러므로 좋은 생각과 말을 먹인다. 그리고 따뜻한 음악과 독서를 즐긴다.

"사랑해, 아기야"

"점점 좋아지고 있구나"

"오늘도 건강하게 놀아줘 고맙다"

"책을 읽어줄게"

"우리 이 아름다운 음악 들을까"

"잘 먹어줘서 고마워"

✦ 내적 동기를 만드는 약 ✦

외적 동기보다 내적 동기를 갖는 사람이 강력한 힘을 만들어 낸다. 내적 동기를 위해 일하는 사람이 더 행복하다.

"나는 이 일을 좋아한다"

"나는 이 작업을 참 잘한다"

"좋아한다"

"내적 가치가 있다"

"내가 선택했으니 즐기자"

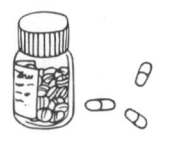

<생활건강100 주치의>

면역 시스템을 활발하게 작동시키기

우리 몸의 면역 시스템은 한 마디로 질병의 발생을 예방하는 역할을 한다. 이때 외부 항원과 싸우면서 서서히 면역을 획득하고 저항력을 습득해 나간다. 이 면역 시스템을 지탱하고 있는 것은 장, 간, 선조직 등으로 형성된 NK세포, T세포, B세포이다. 주로 체내 감시 역할을 하면서 암세포, 노화세포, 바이러스 감염세포 등의 이상 세포를 발견하여 처리한다. 이때 활성화된 B세포는 항체(이물질)라는 단백질을 만들어 항원의 독성을 제거하고 공격을 한다.

이렇게 면역 시스템이 활발하게 작동해야 질병을 예방하고 건강을 유지할 수 있다.

Chapter **8**

두근두근 신묘한
기적의 호르몬

암세포 잡아먹는

NK세포 면역활성법

가장 센 신묘한
감동의 특효약(藥)

+

❖ **생활습관병: 흡연, 과식, 과음, 운동부족 등 잘못된 생활습관이 원인이 되어 당뇨, 고혈압, 위장병, 뇌졸중, 암 등의 성인병이 발병한다고 하여 일컫는 말이다.**

신묘한 특효약

뇌는 변화를 싫어하는 방어본능을 갖고 있다. 그래서 새로운 것이나 어려운 것보다는 지금까지 익숙해졌던 것으로 현상 유지하는 것을 더 좋아한다. 항상 바꾸어지는 변화보다 본래의 생활리듬으로 돌아가려고 한다. 그렇다면 뇌의 방어본능을 이기기 위해서는 어떻게 하면 좋은가? 매일 조금씩 변화의 루틴을 지속한다.

현대의학이 암까지도 정복하였다. 하지만 감기를 가져오는 신종 바이러스만큼은 현대의학의 과제로 남아 있다고 한다(예 신종코로나19). 왜

냐하면 감기를 일으키는 바이러스만 해도 200여 종이 넘기 때문이다. 그런데 마음건강 차원에서 무서운 바이러스가 무엇인지 아는가? 바로 의심(불안) 바이러스이다. 이 의심 바이러스가 들어오기 시작하면 사람 뿐만이 아니라 사회나 조직이 분열하게 된다. 그런데 이 의심 바이러스를 치유하는 신묘한 백신이 긍정적인 감사하는 생활을 하는 것이다.

코넬대학교 앨리슨 아이젠 박사의 연구결과를 보면, 선물을 받았을 때 뇌의 뉴런에서 신경전달물질 도파민(dopamine)이 분비된다는 것을 밝혔다. 그런데 그 선물이 비록 감사인사와 같은 작은 태도일지라도 호르몬을 분비토록 한다는 것이다. 그러므로 감사, 칭찬, 사랑의 태도는 상대방에게 계속하여 선물을 주는 것이나 다름없다.

'와!' 감동의 생활

의미적으로 '신묘한 특효약'이란 뇌가 깜짝 놀랄 정도의 감동을 받는 것, 즉 재밌는 감동이다. 또는 큰 깨달음이다. 이를 테면 "와! 놀랍다" "와! 멋지다" "와! 예쁘다" "와! 정말 행복해!" "와! 재밌다" "우와! 신기하다" 또 설레는 키스, 예기치 않은 축하, 진심어린 칭찬, 새로운 깨달음, 귀한 만남 등등

이처럼 감동받은 뇌는 센 호르몬을 분비한다. 반면 하루의 생활 속에서 놀라움과 재밌는, 의미 있거나 행복한 감동받는 일이 전혀 없다면 어떻게 될까?

시간 감각이란 의미로 보면 하루의 생활이 무감각에 익숙해지게 된다. 몸은 움츠러들고 뻣뻣해진다. 마음에는 기쁨이 없다. 결국 기운 없는 하루를 보낸다. 그러나 하루하루의 생활을 감동과 기쁨, 설렘으로 가득 채운다면, "와!~"하며 호탕하게 웃을 일이 많아진다. 마음이 즐겁고 몸이 가벼워져 활동적 삶이 된다. 이때 체내에서는 도파민이 분비된다.

이제 하루하루의 생활이 무감각에 익숙해져 무기력하지 않도록 작은 것에서도 감동받도록 하자. 감동의 놀라움은 뇌를 젊게 하는 가장 센 특효약이기 때문이다.

의사들의 말이다. 특히 <의사가 말하는 자연치유력>의 저자 가와시마 아키라 박사의 주장이기도 하다. 즉 자기치유력은 인간의 온갖 질병과 고통을 몸이 본래 가지고 있는 자기치유력을 이용하여 건강을 유지하고, 병을 치유하는 것이다. 이는 내 몸 안의 주치의이다.

실제로 우리의 두뇌와 신체에는 신이 내려주신 특효약이 있는데도 사실 제대로 쓰이지 못하고 있거나 몰라서 사용하지 않는 경우가 있다. 우리는 오만가지 약(藥)보다 훨씬 효과적이고 신묘하기까지 한 특효약을 이미 가지고 있는데 말이다. 그런데 더 놀라운 사실은 우리 몸에는 약보다 훨씬 강력한 자기치유력이 있다. 여느 의사는 '우리 몸 안에는 100명의 의사가 있다'라고 말한다. 우리 몸에는 스스로 병을 고칠 수 있는 주치의가 있다는 의미이다.

그러므로 우리 뇌와 몸 안 깊은 곳에 있는 신묘한 특효약만 잘 활용해도 상당수의 증상과 질병을 효과적으로 다스리고 예방하기에 충분하다. 게다가 효과도 좋고 기막히게 잘 든는다. 일체의 부작용이 없어 가장 완벽한 약이다. 실제로 수명을 거뜬히 연장할 수도 있다. 이 특효약의 특징은 일체의 부작용이 없어 누구나 복용하기가 쉽고 아주 간단하다.

일상생활 속에서 기쁨의 놀라움과 뜻밖의 감동받음, 감사, 웃음, 행복 눈물, 깨달음, 선물, 칭찬, 사랑의 스킨십 등의 횟수를 늘리는 것이다. 그리고 생활습관을 바꾸어 음식의 칼로리 섭취를 낮추고 몸은 체중을 줄이기 위해 규칙적으로 운동을 하고 소식습관을 기른다. 그리고 음식을 천천히 오래 씹어 먹는다. 그러면 우리 몸 안에서 질환 발병을 어느 정도는 떨어뜨릴 수 있다.

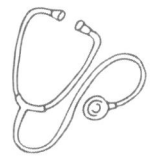

센 천연물질 다이돌핀

＋

신경전달물질(호르몬) 이해

호르몬은 뇌 마음에 존재하는 다양한 분비샘이 만들어내는 화학물질이다. 이를 신경전달물질로 불린다. 예로, 스트레스, 불안, 두려움, 분노 같은 감정들이 뇌, 몸속의 일정한 화학물질에 변화를 일으킨다. 뇌에 있는 분비샘인 뇌하수체를 자극해 아드레날린, 크리토솔 같은 호르몬이 분비된다. 마침내 그것들이 혈압을 높인다.

이번에는 사랑, 칭찬, 감사, 평화, 용기, 믿음, 희망 같은 긍정적인 감정들이 뇌 속의 화학물질에 자극해 호르몬을 분비시킨다. 당연 세로토닌, 엔도르핀, 옥시토신, 도파민, 멜라토닌 등이 생성하게 한다. 스트레스 호르몬인 코르티졸은 감소시킨다.

그러므로 단 하나의 생각만으로도 뇌는 신경전달물질 분비를 촉진하고, 이것은 다시 몸의 신진대사와 생리기능의 많은 변화로 이어진다. 작은 불안감과 초조, 긴장감을 느끼기만 해도 스트레스 호르몬이 분비된다. 그래서 '걱정이 사라지면 병도 사라진다'는 말도 있지 않은가?

한 예로 웃음이 약(藥)이라는 말은 헛말이 아니다. 웃음은 각종 심혈관 질환을 예방하고 엔도르핀 호르몬을 방출해 면역기능을 강화시켜 준다.

현대 과학자들은 인간의 뇌가 아편과 매우 흡사한 화학물질을 합성할 수 있다는 것을 알아냈다. 그 물질을 '엔도르핀(Endorphin)'으로 명명했다. '엔드(End)'는 몸 내부로부터라는 뜻이고, '오르핀(orphin)'은 모르핀과 같은 어근을 갖고 있다. 이런 엔도르핀 물질은 뇌와 몸 자체가 만들어내는 고통 완화제이며, 그 효력은 약국의 진통제보다 훨씬 강력하다는 것이다.

신경전달물질(호르몬)은 몸 안에 존재하는 다양한 분비샘이 만들어내는 화학물질이다. 몸과 마음은 이 호르몬과 밀접한 관계를 갖고 있다. 여러 감정들이 뇌 속의 분비샘을 자극해 호르몬이 분비되게 한다.

결국 우리의 감정과 생각은 화학물질로 전환되며 이것이 몸과 마음에 신경전달물질들(호르몬)을 전달하게 된다. 이 호르몬 물질들은 감정과 생각에 밀접하게 연결되어 화학물질로 전환한다. 실제로 우리의 감정과 생각을 잘 다스리고 긍정적인 방향으로 바꾸면 몸과 마음이 건강해진다.

센 다이돌핀 촉진

자기치유력 효능은 이 세상에서 가장 안전하고 신묘한 특효약이다. 무엇보다 전혀 부작용이 없으며 가격은 공짜다. 무한 리필이 가능하다. 보통 스트레스를 받으면 승모근과 목줄기 근육이 뻐근하고 단단해진다. 이 스트레스 근육을 풀리게 하려면 센 다이돌핀과 엔도르핀 호르몬을 분비시키면 된다.

우리 몸은 하루에도 수천만 개의 세포가 재생하고 분열한다. 그렇게 새로운 세포들을 만들어야 면역 세포들을 교체할 수 있다. 그러나 스트레스, 분노(화), 불면증, 운동 부족, 과식, 과음, 걱정, 두려움, 공포 등은 세포의 원활한 면역 및 재생을 방해한다.

그렇다면 100세 건강한 삶을 누리려면 어떻게 생활해야 할까? 원래 나이보다 훨씬 젊어 보이는 사람들에게는 어떤 천연물질이 흐를까?

그 답은, 호르몬 중에서 엔도르핀보다 센 면역 천연물질 '다이돌핀 (didorphin)'이 분비되기 때문이다. 이 다이돌핀은 센 감동받았을 때 또는 큰 깨달음에 이르거나, 공감하는 순간에 분비된다.

다이돌핀은 몸의 면역체계를 강력하게 작용시켜 암세포를 공격한다. 대표적으로 NK세포(Natural killer cell)는 선천면역을 담당하는 중요한 세포이다. 체내에는 약 1억 개의 NK세포가 있다. 한마디로 T세포와 함께 암세포를 죽이는 면역세포이다.

이처럼 센 다이돌핀은 NK세포를 활성화시켜 준다. 반대로 스트레스를 받거나 부정적인 마음, 분노(화), 나쁜 감정은 독소 아드레날린 호르몬을 분비시켜 우리 몸을 상하게 한다.

그럼 기존 호르몬보다 센 다이돌핀은 언제 우리 몸에서 생성되어 분비될까? 좀 더 구체적으로 말하면 굉장한 감동을 받았을 때, 가슴 뭉클한 글이나 영상을 볼 때, 좋은 음악 선율이 마음을 깊이 터치할 때도, 아름다운 풍경이나 작품을 감상하며 압도 되었을 때도 마찬가지다. 또 새로운 진리를 깨달을 때와 엄청난 사랑에 빠졌을 때도, 그리고 마음 깊은 곳에서 기쁨이 샘솟을 때도 분비된다.

이때 몸 안에서 NK 세포의 촉진이 이루어지게 된다.

즉, 암세포 잡아먹는 NK세포의 면역활성법이다.

암세포 잡아먹는 공식 》》》》 다이돌핀 촉진

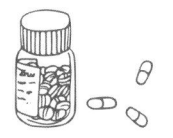

젊음을 유지시켜주는
호르몬 분비

✚

두근두근 기적의 호르몬

캐나다 몬트리올 맥길대학교의 바로리 사림푸어 박사의 연구에 따르면 좋은 음악을 들을 때 뇌에서 도파민 호르몬이 평균 6-9퍼센트 더 증가한다고 한다.[1] 또 웃음은 엔도르핀을 생성시키는 가장 효과적인 촉진제라고 하였다.

한번은 내가 약국에 들어서면서 미소와 함께 "스트레스 처방전, '감사약' 좀 주세요!"라고 했더니, 약사님이 깜짝 놀라워하며.., '예??'하고는 곧 웃음바다가 되었다.

'감사 약(藥)'이라는 말은 있는데, 실제 약국에서는 처방되는 약이 아

---

1) 중앙일보 : https://news.joins.com/article/5262151

니다. 이 감사 약은 신이 인간에게 내려준 최고의 선물로써 이미 모든 사람들이 갖고 있다. 절대 부작용이 없으며 질병이라는 창에 맞선 방패로서 최고의 호르몬 특효약이다.

평소 우리는 아래의 인사를 자주 들어야 하되, 나누기도 해야한다.

"와! 실제 나이보다 젊어 보여요" "피부가 투명하고 매끄럽고 팽팽해요" "늘 미소가 가득해요" "긍정적인 사고방식을 가졌어요" "끌리는 매력적 요소가 많아요" 등.

이는 젊음을 유지하는 비결이기도 하다. 젊음은 타고나는 것이 아니다. 젊어 보인다는 것은 그만큼 노력했다는 것이다. 내 몸 안에 젊음을 유지시켜 주는 신경전달물질 호르몬을 분비시켜 주었기 때문이다.

실제 나이보다 젊어 보인다면 젊은 호르몬이 그 비결이다. 젊은 호르몬 분비는 누구나 쉽게 스스로 생활습관, 즉 긍정적인 생각과 언어만으로도 가능하다.

뇌에서 분비되는 천연물질을 두근두근 호르몬이라고 부른다. 사람의 몸 안에서 두근두근 설레는 경험을 하거나 희망을 품으면 분비된다. 또 즐거운 여행을 계획하거나 사랑할 때도, 얼굴에 미소를 짓고 즐거운 표정만을 가져도 바로 뇌에서 두근두근 호르몬이 분비된다.

사실 신은 신묘한 특효약(호르몬 물질)을 우리 몸 속에서 스스로 생성할 수 있도록 창조하였다. 더 놀라운 것은, 약국에서 파는 약품도 아니고 건강식품에서 얻을 수 있는 성분도 아니다. 이 신경전달물질들은 두뇌에서 생성된다. 의사의 처방전 없이도 면역력을 강화시켜 질병과 노화를 예방할 수 있다. 피부는 탱탱하게 몸은 젊게 해준다.

이처럼 우리 몸 안에는 젊음과 면역력을 활성화시켜주는 기적의 호르몬 물질들이 충분히 내재되어 있다. 한 예로 우울감은 그 원인과 유형이 여러 가지이지만 대체로 슬픔의 호르몬이 과다 발생하여 의욕이 저하되는 증세를 말한다. 이를 극복하기 위해서는 두뇌에서 강력한 천연물질 호르몬이 분비되면 된다.

기적의 미인 호르몬

예일대 연구자인 토마스 카류(Thomas Carew) 교수는 세로토닌 호르몬을 오케스트라단으로 치면 두뇌활동의 전체 결과를 연출하는 악단의 지휘자로 비유하였다.

요즘 사람들은 누구나 미인(피부, 표정)이 되고 싶어 한다. 그 미인 호르몬이 바로 세로토닌(serotonin)이다. 기분을 저하시키고 두통을 불러오며 또 과식하게 만들기도 하는 근본적 원인은 세로토닌 물질 결핍이다. 세로토닌 물질은 우리의 기분이나 식욕, 수면 또는 통증을 조절하는 신체의 가장 핵심적인 요소이다. 따라서 우리의 식습관과 생활방식을 개선하면 세로토닌 활동을 높일 수 있다. 불안과 우울을 치유하기에 적합한 기적의 행복 호르몬이다. 이는 자신의 건강과 행복을 좌우한다.

또한 하루 감정의 기분, 식욕, 통증, 수면 조정자가 바로 세로토닌이다. 만약 두뇌에서 작용하는 세로토닌 기능에 조절 장애가 생겼다면 우울증상, 감정기복, 불안, 음식장애, 수면장애, 편두통, 통증, 신경질, 중독, 폭식, 우울 등이 일어날 수 있다. 이는 모두 다 세로토닌 기능의 결핍 때문일 수 있다.

뇌 속의 세로토닌 호르몬은 행복물질로써 도파민까지 분비시켜준다. 그리고 꿈꿀 때, 행복한 설레임, 좋은 상상을 할 때도, 웃을 때도 왕성하게 분비되어 역시 피부까지 매끄럽고 탱탱하게 해 준다. 그래서 기적의 미인 호르몬이라 불린다.

즐겁게 일하고 더 즐겁게 만나고, 휴식하고, 노는 법을 배우면 극복할 수 있다. 또 기분과 힘을 좋게 해주는 먹거리를 찾아 먹는다. 그리고 꾸준한 운동도 좋은 방법이다. 공원 산책, 걷기, 달리기, 수영, 자전거, 에어로빅 등 운동을 하는 것도 좋다.

세로토닌 결핍인지 그 증세 점검해 보기

다음 질문을 통해 당신의 세로토닌 활동에 변동이나 문제가 있는지를 알아볼 수 있다. 해당되는 사항에 체크해보자.

항목	체크
1. 계절에 따라 기분이 하락된다.	☐
2. 과식하는 경향이 있다.	☐
3. 잠이 많아지고 쉽게 피곤하거나 기운이 없다.	☐
4. 쉽게 우울해지고 신경질적이다.	☐
5. 배가 부른 상태에서도 먹곤 한다.	☐
6. 지나치게 폭식하거나 폭음한다.	☐
7. 이유 없이 화가 나거나 눈물이 난다.	☐
8. 편두통이 있다.	☐
9. 수면 습관이 바뀐다.	☐
10. 몸무게가 큰 폭으로 오르내린다.	☐

▲ 위 항목에 많이 체크되었다면 세로토닌 결핍 증상일 수도 있다.

<생활건강100 주치의>

행복 세로토닌을 깨우는 10가지

1. 우유와 야채를 섭취할 것

2. 아침 결식 및 과도한 다이어트를 피할 것

3. 등 푸른 생선을 즐겨 먹을 것

4. 식사할 때 음식을 최대한 많이 씹을 것

5. 아침에 일어나 기지개를 펴고 스트레칭을 할 것

6. 하루에 15분가량 '인간 해바라기'가 될 것

7. 숨을 깊게 쉴 것

8. 하루에 30분을 걷기에 할애할 것

9. 명상할 것

10. 소리 내어 웃을 것

※ 일러두기

여기 제시되는 연구 이론과 생활실천 활동들은 저자의 개인적인 연구 이론임을 밝힌다.

Chapter 9

신이 내려준
일류 최고의 치료제

기적을 일으키는 것은

의사가 아니라

환자다

아브라카 다브라

+

생각하고 말하는 대로 되는 뇌

벤자민 프랭클린은 말하기를 "인류는 움직일 수 없는자, 움직일 수 있는자, 움직이는 자, 이렇게 세 부류로 나뉜다."고 했다.

히브리어 '아브라카 다브라'는 '생각하고 말하는 대로 된다'는 의미이다. 의학자들도 한결같이 인간의 뇌가 스스로 치유하는 힘이 있다고 말한다. 뇌는 생각과 말, 감정의 통제에 따라 호르몬을 분비한다. 결국 뇌는 우리의 몸과 생각과 말, 감정은 긴밀히 연결되어 있다. 자신이 생각하고 있는 말은 상상을 불러일으키고, 뇌는 그 말을 읽어 들이는 즉시 그것을 이루기 위해 움직이기 시작한다.

예를 들어, 여성의 경우 자신이 미인이라는 생각을 갖고 하루에 10번씩 거울을 바라보며 '난 정말 예쁘게 생겼어!' '눈이 매력적이야!' '누가

봐도 난 S라인 몸매야!' '난 인형같아!' '센스가 좋아!'라고 말해 주면, 뇌는 들려지는 그대로 믿고 에너지를 보낸다. 이는 부작용이 없을 뿐 아니라 긍정적인 생각과 낱말 표현만으로도 놀랍도록 달라지게 만드는 효과가 있다.

뇌의 대뇌변연계와 대뇌신피질[1]

다시 강조하지만 우리 뇌는 생각하고 말하는 대로 되는 놀라운 힘이 숨겨져 있다. 이 내재된 에너지를 믿고 끌어냄으로써 누구든 멋지고 건강한 삶을 살 수 있다. 그리고 우리의 뇌는 대뇌변연계와 대뇌신피질로 나눌 수 있다. 신체 움직임을 관장하는 대뇌변연계(겉에서 보았을 때 귀 바로 위쪽(또는 측두엽의 안쪽)에 존재한다)는 자율신경계라 부른다. 감정, 행동, 동기부여, 기억, 후각 등의 여러 가지 기능을 담당한다. 반면 대뇌신피질

1) 이미지 출처 : 구글
http://blogthumb2.naver.net/20150102_277/marry1219_1420191405505llwu8_
JPEG/3love_kr_20150102_183328.jpg?type=w2

은 여러 가지 일을 상상하거나 판단하는 기능을 담당한다. 모두 연결되어 있으며 대뇌신피질 뇌가 상상한 것에 반응하는 특성이 있다. 이를 테면 뇌가 상상으로 그린 이미지대로 반응한다. 그래서 즐거운 일이나 가슴 벅차게 기쁜 일들을 생각하면 그에 반응하여 활짝 웃거나 기운찬 표정을 짓게 된다.

그렇다면 즐거운 상상으로 자신의 머릿속을 꽉 채우려면 어떻게 해야 할까? 아주 쉽다. 긍정적인 생각과 단어를 사용하는 습관을 기르면 된다. 뇌는 자신이 말한 어휘를 그대로 읽어 들여 환경을 만든다. 우리의 생각은 곧바로 뇌에 반영되고 자율신경계를 거쳐 체내 화학반응계까지 연결된다. 긍정적인 사고와 어휘 사용은 뇌세포를 최대한 활성화시켜 결국 최상의 결과를 이끌어낸다. 역동적이고 장애를 뛰어넘는 힘을 가지고 있기 때문이다.

한마디로 우리의 뇌는 '아브라카 다브라'이다.

"뇌는 생각하고
말하는 대로 따른다."

최고의 의사

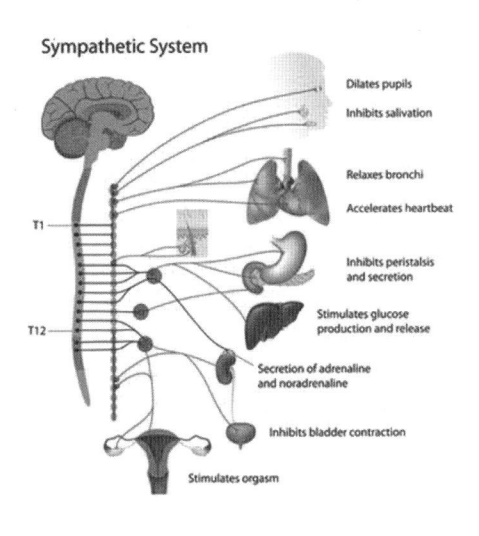

자율신경과의 연관성[2]

    대뇌는 자율신경계에 신호를 보낸다. 예를 들어 '아프지 않다' '힘들지 않다' '행복하다' '할 수 있다'라는 긍정적인 사고가 부정적인 사고보다 뇌에 있는 자율신경계 체계를 더욱 효과적으로 자극하여 우리 몸을 건강하게 해 준다.

    그러므로 최고의 의사는 바로 내 마음가짐에 달려 있다.

---

2) 이미지 출처 : 구글
http://www.doctorkorea.com/file/bbs/medidata/20120725/12sympatheticsystem.jpg

인류를 구원한 치료제

+

도파민 호르몬의 소실

고령화 사회에서 치매 다음으로 많이 발생하는 대표적인 노인성 질환은 무엇일까? 맞다. 빠르게 점점 증가하는 파킨슨병이다. 유명한 권투선수 '무하마드 알리', 독일의 '히틀러', 중국의 정치 지도자였던 '등소평', 카톨릭의 교황 '요한 바오로 2세', 영화배우 '마이클 제이폭스' 등도 파킨슨병 환자로 알려져 있다.

파킨슨병은 고령화 사회가 되면서 해마다 증가하고 있다. 뇌 부위가 정상적인 동작에 필요한 뇌 화학물질인 도파민 호르몬을 제대로 생성하지 못해서 생기기도 한다. 한마디로 뇌 신경세포들이 점점 죽어가면서 나타내는 만성 퇴행성 뇌질환이다. 대표 증상으로는 떨림, 경직, 운동

느림, 자세 불안정 등이 꼽힌다.[3]

15세기 고대 인도에서는 파킨슨병 치료제로 '레보도파(Levodopa)' 성분이 들어있는 열매 추출물로 증상이 호전됐다는 문헌도 있다.[4] 그런데 파킨슨병의 원인으로는 흑질(substantia nigra)의 도파민 신경세포가 줄어 노화가 되면서 생기는 질병이다. 전문가들은 일상생활에서 운동과 행복한 마음가짐을 통해 예방할 수 있다고 말한다. 파킨슨병의 근본적인 치료법은 아직 개발되지 않았다. 주로 부족한 도파민을 보충해 주는 약물 치료를 해주고 있다. 그런가하면 전문가들은 잘못된 식습관을 고치면 치료될 가능성이 높다고 말한다.

한마디로 파킨슨병은 우리 뇌에 원활하게 공급되어야 할 도파민 신경전달물질이 분비되지 않아 생기는 병이다. 따라서 평상시 올바른 식생활과 스스로 규칙적인 운동으로 근력을 유지하고 행복한 삶을 누리는 것이 중요하다. 그러므로 도파민 신경전달물질의 분비하는 길을 올곧게 낸다.

특히 도파민은 사랑, 행복, 흥미와 관련된 천연물질로써 분비가 잘 되면 기분을 좋게 만든다. 하지만 도파민이 부족하면 신경계 질환인 파킨슨병, 우울증, 떨림, 불안정 등이 나타날 수 있다.

---

3) 영국인 의사 제임스 파킨슨(James Parkinson)가 1817년에 발표한 논문 "An essay on the shaking palsy" 자료를 참고하였다.
4) 참고 사이트:
http://senior.mk.co.kr/cp/newsview.php?sc=80500001&cm=%C0%BA%C5%F0%20%B4%BA%BD%BA&year=2019&no=469127&relatedcode=&mc=B

최초의 항생제 페니실린

**인간의 건강에 가장 중요한 역할을 하는 물질은
뇌에서 분비하는 호르몬이다.**
_ 하루야마 시게오 의사

영국의 의사이며 근대 임상학의 아버지로 불리는 토머스 시드넘 (Thomas Sydenam, 1624-1689)은 아편을 대신할 만한 약(藥)은 이 세상에 없다면서 다음의 말을 남겼다.

"전능하신 하나님께서 아픔을 덜어주시기 위해 우리 인류에게 선사 하신 치료제 중 아편만큼 보편적인 효능을 발휘하는 약은 없다."[5]

1922년 세균학자이며 노벨상을 수여한 알렉산더 플레밍(Alexander Fleming, 1881-1955)은 인체에 들어온 세균만 죽이는 물질을 찾아냈다. 그 는 살균 성분(분해효소)이 우리의 눈물과 침, 혈청 등에 내재되어 있다는 사실을 알아냈다. 이 살균 성분을 '리조팀(Lysoteam)'이라고 이름 붙였다. 그 후 플레밍은 푸른곰팡이라는 항균물질을 '페니실린'이라 부르게 된 다. 페니실린 물질은 세균을 죽이는 효과를 가지고 있다. 또한 수많은 전 염병으로부터 인류의 생명을 지켜낼 수 있었다.

인류 역사를 바꾼 가장 중요한 약 중 하나가 바로 최초의 항생제 페

---

5) 브라이언 딜런, 상상병 환자들, 작가 정신, 역 이문희, 2015.

니실린(penicillin)이다. 이 페니실린은 푸른곰팡이를 길러서 얻은 항생물질이다. 이것으로 인간의 수명이 연장되었다고 해도 과언이 아니다. 이제 동네 약국에서 손쉽게 얻을 수 있다.

의학 역사상 가장 중요한 발견은 푸른곰팡이 페니실린에게 치료능력이 있다는 것이었다. 이 페니실린의 발견으로 사람이 죽는 것을 막을 수 있게 됐다.

페니실린 기본 구조

페니실린(penicillin)은 최초의 항생제이다. 푸른곰팡이로 불리는 Penicillium notatum와 Penicillium chrysogenum에서 얻고 분자식은 R-C9H11N2O4S이다. 대표적인 베타-락탐계열 항생제이다.[6]

---

6) 이미지 출처 : 위키백과 https://ko.wikipedia.org/wiki/%ED%8E%98%EB%8B%88%EC%8B%A4%EB%A6%B0

1920년만 해도 사망원인 1위는 감염이었다. 특히 면역력이 약한 신생아는 취약했다. 그래서 페니실린(penicillin)의 발견은 신이 인류에게 내려준 최고의 치료제이다. 20세기 최고 발명품으로 꼽히는 페니실린으로 평균 수명이 향상되었고 제약 산업이 꽃 피우게 된다.

일본의 화학자로 2008년 노벨 화학상을 수상한 시모무라 오사무(1928-2018) 박사는 "하늘나라는 인간을 부려 인류에게 페니실린이라는 소중한 선물을 내려주었다는 생각이 든다"라고 말했다. 그런데 이 페니실린은 화학적으로 불안전해 순수하게 추출하는 것도 장기간 보관하는 것도 어렵다고 한다. 그런데 놀랍고 신비스럽게도 외부에서 항생 물질을 투입하지 않아도 우리 몸 안에서 스스로 질병을 예방하고 성장케 하며 혈액이 응고되지 않도록 돕는다.

신이 창조한 존재이기에 말이다. 바로 천연 모르핀이다.

뇌신경 세포의 흥분 전달 역할을 하는 도파민은
인간의 뇌에서 만들어지는
신경호르몬의 절반 정도가 관련되어 있다.
_ 신이 선사한 도파민

뇌가 만드는 천연 마약 _ 모르핀

도쿄대 의학부를 나온 의사 하루야마 시게오가 쓴 <뇌내혁명>에는 뇌 모르핀이 삶을 바꾼다고 말하고 있다. 이 뇌내 모르핀을 조절할 수 있으면 '무병장수'를 누릴 수 있다고 주장하였다. 그런가하면 화를 자꾸 내거나 스트레스를 많이 받으면 호르몬의 독성 때문에 노화가 촉진된다고 한다. 그 호르몬은 '노르아드레날린'이다.[7]

돈으로 살 수 없는 천연 모르핀을 신이 공짜로 주셨음에 감사할 뿐이다. 사실 모르핀(Morphine)은 막강한 힘을 지녔다. 아편의 한 종류로써 마약으로 분류되는 진통제의 한 종류이다. 그런데 뇌를 활성화하면 스스로 천연물질 마약을 늘릴 수 있다.

인간의 뇌 속에는 천연 물질들이 정착하는 장소가 있다고 알려져 있다. 우리 두뇌에서 특정 분자가 결합해 정보를 수용하는 부위를 '수용체'라고 부른다.

여기서 정말 궁금한 것이 "왜 인간의 몸은 굳이 모르핀이라는 물질을 장착하게 되었을까?" 이었다.

나는 이 물음에 대한 해답을 찾기 위해 많은 생화학 책과 호르몬 관련 서적, 그리고 우울증, 스트레스, 감정, 두뇌, 치매 등 다양한 자료와

---

7) 뇌내혁명, 하루야마 시게오, 역 반광식, 사람과 책(2016).

논문들을 살펴보았다. 결국 답을 찾았다. 신이 인체에 양귀비와 같은 모르핀 천연물질을 스스로 생산할 수 있도록 신체를 설계하였고, 처음부터 천연 마약을 분비하도록 창조하였다는 것이다.

결국 뇌 분비 호르몬이 인생을 바꾼다는 것을 알게 되었다.

가정에서 키우는 양귀비 꽃(화분)

1970년에 발견된 이 물질을 통틀어 생화학자들은 '모르핀'이라고 부른다. 뇌내 모르핀은 1983년 영국의 과학 잡지 <네이처>를 통해 소개되었다. 많이 알려진 모르핀은 외상을 입거나 스트레스를 받았을 때 고통을 완화시켜 준다. 천연물질 모르핀은 우리의 몸 밖에서 주입해 얻을 수 있는 것이 아니다. 신이 내려준 선물이기 때문이다.

하루야마 시게오 의사는 '병에 걸리지 않도록 하는 것이야말로 진정한 의학이다'라고. 또 그는 말하기를 '인간은 자신의 체내에 모든 질환에 대한 방어기능을 갖추고 있으며, 이 기능이 충분히 잘 작용하면 암이나 심장병, 뇌혈관 장애 등의 질병을 상당히 감소시킬 수 있다'고 주장한다. 그렇기 위해서는 평소 생활습관과 식생활이 중요하다는 것을 잊지 마라. [8]

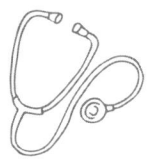

8) 뇌내혁명, 하루야마 시게오, 역 반광식, 사람과 책(2016).

<생활건강100 주치의>

두한족열 복불만(頭寒足熱 腹不滿)

동양 의학의 아버지로 불리며 죽었던 사람도 살렸다는 명의, 중국 전국시대의 편작(扁鵲, 기원전 401-310)은 "두한족열 복불만(頭寒足熱 腹不滿)"이라고 했다. 뜻은 "건강하려면 머리는 차갑게, 발은 뜨겁게, 위장은 가득 채우지 말라." 편작이 죽으면서 유언으로 가족에게 일곱자(頭寒足熱 腹不滿)를 남겼다고 한다.

근대에는 18세기 네덜란드 명의 헤르만 부르하버(Hermann Boerhaave, 1668-1738)는 죽으면서 생전의 최고의 건강비결을 적어놓은 책을 밀봉하여 남겼다. 그는 전 유럽의 명의라고 불렸다. 그의 책은 경매에서 2만 달러 이상의 가격으로 팔렸다. 그런데 그 책에는 단 한 줄만이 적혀있었고 나머지는 백지였다.

"머리를 식히고 발을 따뜻하게 하며, 몸을 불편하게 하지 않으면 당신은 건강할 수 있고 의사는 아무 할 일이 없게 될 것이다(Keep your head cool, your feet warm, and your bowels open.)."

<생활건강100 주치의>

100세 생활건강 123법칙

1. 꾸준히 걷기 운동하기

발에는 오장육부가 다 모여 있어, 걷는 운동으로 발을 따뜻하게 해준다.

2. 따뜻한 음식 먹기

따뜻한 물, 차, 음식을 먹으면 따뜻한 기운이 순환되어 혈액순환이 원활해진다. 특히 인삼, 생강, 계피는 성질이 따뜻하여 끓여 차로 마시면 혈액순환에 효과가 있다.

3. 반신욕과 족욕하기

따뜻한 반신욕과 족욕은 피로회복과 혈액 순환, 그리고 노폐물을 제거해 주는데 효과적이다. 특히 반신욕과 족욕은 면역력을 높여주고 기혈의 순환이 원활해진다. 반신욕은 하루 15분 정도면 충분하다. 39~40도의 물에 배꼽 아래까지만 담그고 있는 것이다.

Chapter 10

뇌를 춤추게 하는
웃음 약(藥)

웃음은 모든 감정에서

전염 강도가

가장 세다

신비의 명약(名藥)

✚

전염 강도가 센 웃음 약(藥)

두 사람 사이의 거리를 가장 가깝게 단축시켜 주는 것은 무엇일까? 신뢰감을 심어주는 최고의 정서적 신호는 무엇인가?

이 질문의 공통점은 <웃음>이다. 그래서 감성시대에 리더의 필수조건 가운데 하나가 농담력(위트, 유머)이다. 리더의 유머력이 팀의 분위기를 열정적이고 창의적으로 만들 수 있는 힘으로 작용한다.

흔히 회자되고 있는 말 중에 '우리가 웃으면 내장도 웃는다'고 하지 않는가. 기분 좋은 웃음은 친근 물질인 도파민의 분비를 촉진하여 기분을 상쾌하게 하고 혈액의 움직임을 좋게 한다. 그래서 호탕하게 '하! 하! 하!' '호~ 호~ 호~' 소리 내어 웃으면 이산화탄소를 많이 배출하고 대신 밖의 산소를 많이 흡수하게 된다.

기분이 좋아지면 효율적으로 일하게 되고 더 잘 협력하고 일을 빠르게 처리하며 능률도 오른다. 특히 웃음은 모든 감정에서 전염 강도가 가장 세다고 한다. 그래서 웃음소리를 들으면 자동적으로 입가에 미소를 짓거나 같이 따라 웃게 된다. 우리 뇌는 유독 미소와 웃음을 잘 감지하도록 되어 있다. 밝게 웃는 표정이 우리의 트레이드마크가 되어야 한다.

그러려면 평소 미소를 머금고 생활해야하며 거울 앞에서 억지로 밝게 웃는 연습을 한다.

약소

'약소(藥笑)'란 말이 있는데 이는 '웃으며 일하고 웃으며 생활하면 보약 먹는 것 보다 훨씬 좋다'는 의미이다. 다음의 멋진 고사성어는 여러분이 스스로 풀이해 보는 것도 좋겠다.

"일소일소 일로일로(一笑一少 一怒一老)"

(뜻 : 한번 웃으면 한번 젊어지고, 한번 성내면 한번 늙는다.)

당나라 시인 백거이의 시는 쉽다는 것이 장점이다. 그의 시 중에 이런 구절이 있다. "불개구소시치인(不開口笑是癡人)", 뜻은 '입 벌여 웃지 않는 자는 바보'이다.

이제 우리는 이유 없이도 웃으며 생활할 수 있어야 한다. 그래야할 분명한 이유가 있다. 연구 결과 15초 동안 크게 웃으면 수명을 2일간 연장시킨다고 한다. 전염 강도가 가장 센 것 역시 웃음이다.

인터넷 블로그에서 회자되고 있는 글귀다.

'월요일은 원래 웃고, 화요일은 화가 나도 웃고, 수요일은 수시로 웃고, 목요일은 목이 터져라 웃고, 금요일은 금방 웃고 또 웃고, 토요일은 토실토실하게 웃고, 일요일은 일 없이 웃는다.'

이를 실천하는 것이 약소(藥笑)이다.

항상 기뻐하라 ... 범사에 감사하라
_ 데살로니가전서 5장 16-18절

호탕한 웃음 약(藥)

프랑스 의사들이 가장 많이 권하는 비조제 약품 가운데 하나는 바로 '웃음 약(藥)'이다. 한편 영국에서는 웃음의 효능을 알아보기 위해 분노(화)부터 연구했다. 분노를 내는 것이 인간에게 얼마나 해로운가를 실험한 것이다. 놀라운 사실을 알아냈다. 분노하는 사람이 내쉰 숨에서 독소가 검출되었는데 사람을 죽일 수 있을 정도였다고 한다.

인도의 의사이자 요가 웃음치료사인 마단 카타리아 박사는 이런 말을 했다. "태양은 이유 없이 대지를 비추고 바람도 이유 없이 왔다가 지나간다. 오직 사람만이 이유를 찾아 웃으려 한다. 그래서 우리는 웃음을 잃어버렸다." 다짐하고 실천하자, 웃음 약은 수시로 이유 없이 매일 복용해야 한다는 것을 말이다.

저명한 노먼 커슨스가 쓴 책 <질병의 분석>에서는 자신이 어떻게 심각한 질병을 극복하고 건강하게 평온한 삶을 되찾게 되었는지 말한다. 바로 그의 명약은 호탕한 웃음이었다. 그는 코메디, 연극, 영화, 몰래카메라 등을 보며 웃고 또 웃으면서 고통을 잊었다. 웃음이 최고의 약(藥)임을 증명해 보였다. 결국 기쁘게 자주 웃으면 우리의 몸과 마음을 이롭게 하는 온갖 경이로운 일들이 일어난다. 특히 뇌에서 엔도르핀 호르몬이 분비되어 면역력을 강화시켜 주고 NK세포가 활성화되어 암 세포들을 공격한다.

서양 의학의 아버지 히포크라테스가 말하기를, 지구상 최고의 의사이자 치료제는 '자기치유력'이라고 했다. 그는 이러한 말을 남겼다.

"의사에게는 세 가지 무기가 있다. 그 첫째는 말이고, 둘째는 메스고, 셋째는 약이다."

이로써 메스보다, 약보다 더 강력한 치유 효과를 지닌 것이 긍정의 말이라는 것이다. 그런데 누구든 크게 웃을 때, 감동받았을 때, 사랑할 때, 행복할 때 자기치유력이 증가한다. 백혈구 수와 NK세포 수도 증가한다. 또한 엔도르핀과 엔케팔린(enkephalin)[1]도 분비된다. 하루에 자주 많이 크게 웃어야 하는 이유이기도하다. 여럿이 함께 즐겁게 웃을 때 훨씬 더 자기치유력이 강화된다.

웃거나 즐거운 상태에서는 체액성 면역력이 증가해 감기 바이러스나 암 세포를 쉽게 공격하여 멸한다. 또 호탕한 웃음은 NK세포의 활성화를 높여준다. 그런가하면 불안해하고 긴장하여 얼굴이 굳어지면 쉽게 짜증을 낸다. 화를 내거나 폭언을 한다. 그 결과 혈압이 올라가게 되고 스트레스 수치가 증가된다. 따라서 활짝 핀 웃음은 신이 내려준 명약(名藥)이다. 그래서 호탕하게 웃으면 얼굴 근육에 완전한 수축과 이완이 일어나고 허리와 복근을 강화시켜준다.

---

1) 웃을 때 엔돌핀과 함께 나오는 신경펩티드 호르몬으로 모르핀보다 300배 강한 물질이다.

<생활건강100 주치의>

웃음 배우기 요령

이쯤에서 간단하게 웃음 배우기 요령을 알려주고자 한다.

좌우 입 꼬리를 올려서 "사랑해~"하고 10초간 입 꼬리를 올린다.

이번에는 최대한 입을 작게 한 상태에서 "오~" 소리를 내고 "에이~" 소리를 내면서 입을 최대한 옆으로 벌리고 입 꼬리를 올린다.

이러한 웃음 짓기 연습을 평소 꾸준히 실천해 보자.

긍정적 사고와 웃음의 철학

✚

노먼 커즌스, 그는 웃음의 아버지로 불린다. "웃음은 마음의 조깅이다."라고 하였다. <웃음의 치유력> 책은 그의 세계적 베스트셀러이다. 미국의 언론인이자 저자인 노먼 커즌스는 1964년 8월 강직성 척수염이라는 관절염에 걸려 의사로부터 회복될 가망이 없다는 진단을 받았다. 이 병에 걸리면 골절 마디마다 염증이 생겨 손가락도 굽히지 못하게 될 정도로 극심한 고통이 수반되었다.

그는 텅 빈 병실에 혼자 남아 하얀 벽만 바라보며 자신의 인생을 돌이켜보다가 삶의 허무와 속절없음을 뼈저리게 느끼게 된다. 어느 날 한스 셀리 박사의 '삶의 스트레스'라는 책을 떠올렸다. 이 책에서 저자는 부정적인 사고나 감정은 육체적인 변화를 가져오며 질병을 만드는 아드레날린 호르몬을 분비한다. 스트레스가 많은 질병의 원인이 된다고 지적했다.

큰 결심을 한 노먼 커즌스는 부정적 감정이 육체에 병을 가져온다며 긍정적 사고와 즐거운 마음(웃음)은 병을 고칠 수 있다고 믿게 된다. 결국 즐거운 정서가 질병치료에 큰 도움이 된다는 견해를 갖고 있던 주치의 도움을 얻어 즉시 생각한 바를 실천했다. 폭소를 자아내는 각종 코미디 영화를 꾸준히 시청했으며 간호사에게는 유머집을 읽어달라고 부탁했다. 그 결과 불치의 병에 걸려 50세를 넘기지 못하고 죽는다는 선고를 받았던 노먼 커즌스는 75세까지 건강하게 살았다.

그는 <질병의 해부>라는 책에서 '웃음은 해로운 감정이 스며들어 병을 일으키는 것을 막아주는 방탄조끼'라고 말했다.

현대의학은 웃음의 효과가 과학적으로 증명되었다. 웃을 때 근육의 움직임이 매우 활동적이다. 몸속에 있는 650개의 근육 중에서 231개가 움직인다. 그리고 엔도르핀 호르몬이 분비된다. 반면 우울하거나 분노하면 아드레날린 호르몬이 과다 분비된다. 심장병, 고혈압, 관절염, 편두통 등을 일으키고 노화를 촉진한다.

웃음효과 5가지

1. 1일 30초 이상 크게 웃을 때마다 이틀을 더 살 수 있다.
2. 한번 크게 웃는 것은 에어로빅을 5분 동안 하는 것과 같다.
3. 웃을 때마다 몸속의 나쁜 독소를 배출하게 된다.
4. 웃음은 마음의 여유를 가져다준다.
5. 웃음은 엔도르핀 호르몬을 분비하게 한다.

마음을 즐겁게 하는 말

아프리카에 살고 있는 <맛지족>들이 사용하는 '감사합니다' 라는 말은 특별한 의미를 갖고 있다. '내 머리가 흙 속에 있습니다.' 그 이유를 보면 그들은 다른 사람의 고마움에 대한 최고의 예의를 표할 때, 자기 머리를 땅에 닿도록 숙이기 때문이다. 그러니까 자기 머리가 흙 속에 들어갈 만큼 고맙고 감사하다는 것이다.

성경 잠언 17장 22절은 "마음의 즐거움은 양약이라도 심령의 근심은 뼈를 마르게 하느니라"고 전한다.

생각해 보자, 뇌도 춤을 춘다는 것을 말이다. 그렇다면 어느 말을 들었을 때 뇌가 신나서 춤을 추고 기분이 좋을까? 흔하게 들을 수 있는 거친 말투들, 폭언, 욕설, 잔소리, 분노에 찬 말들일까? 아니면 곱고 예쁜 말로 희망을 전하는 말들일까? 예를 들어 소박하지만 따스한 한마디로 건넨다.

"우리 식사 함께해요" "보고 싶었는데, 뵙게 되어 영광입니다" "안녕하세요, 환영합니다" "감사합니다, 선생님도 행복하세요" "사랑해요" "어서 오세요, 기다리고 있었습니다"

이러한 말들이 뇌를 춤추게 하여 호르몬을 분비시킨다. 그렇다면 이제 뇌를 춤추도록 즐겁게 희망을 전하는 언어사용을 생활화하자.

미국 하버드의과대학 마틴 타이커 교수의 연구 결과에 따르면, 어린

시절 부모나 주변 사람에게 언어폭력을 당한 사람은 뇌의 특정 부위(뇌량, 해마)가 위축되어 정상적으로 발달하지 못하는 것으로 나타났다. 그런즉 부정적인 말투는 뇌에 나쁜 영향을 끼친다.

결국 폭언, 욕, 분노, 거친 말투에 노출될수록 신경전달물질 코르티솔(Cortisol) 호르몬이 과분비되어 뇌 성장을 가로막는다. 뇌를 망가뜨리는 날카로운 흉기가 된다. 참고로 코르티솔 호르몬은 우울증, 불안장애, 자율신경계 이상, 인격 장애 등을 일으킨다고 알려져 있다.

우리의 생각과 언어가 삶에 큰 영향을 준다.

당신이 건강한 삶을 살고 싶다면 주변 환경을 바꾸려하지 말고 내가 먼저 마음가짐을 바꿔야 한다. 나의 잠재의식은 자신이 믿는 바를 그대로 따른다. 갖고 있는 신념 그대로 현실이 된다. 그래서 지금의 생각과 말이 당신의 미래를 결정하는 것이다.

뇌를 춤추게 하고 정서적으로 행복하게 하는 것은 즐거운 대화이다. 이시형 정신의학과 박사가 쓴 <옥시토신의 힘>에서 칭찬과 격려, 감사 그리고 웃음과 긍정적인 대화 시 우리 뇌에서 행복의 세로토닌과 사랑의 옥시토신이 많이 분비되고 촉진하도록 돕는다고 강조하였다. 그 옥시토신을 많이 분비시키기 위해서는 사랑하는 마음을 갖고 대화를 즐기는 것이 좋다. 반드시 행복한 마음을 갖고 적절히 감사를 표현하도록 한다. 마음을 즐겁게 하는 말은 치유력이 있다.

사실 감사함으로 바라보면 버릴 것이 하나도 없다. 다시 강조하면 정신의학계 최고 권위자인 이시형 박사는 사랑과 친절, 감사, 기도, 자애,

나눔, 그리고 베풂 등의 이타적 행동을 함으로써 사랑의 옥시토신이 분비된다고 말한다. 그리고 스트레스, 경쟁, 우울감, 충동적 성향, 두려움, 죽고 싶은 마음 등은 몸 안에서 행복의 세로토닌 호르몬 분비를 통해 치유할 수 있음을 밝히고 있다.

잘 노는 뇌 만들기

두뇌의 해마가 활발하게 움직이도록 자극을 주는 활성기법은 많이 있다. 일상에서 실천할 수 있는 것으로는 행복한 식사, 학습, 독서, 음악 듣기, 그림 그리기, 글쓰기, 즐거운 대화, 친밀적 관계, 운동, 산책, 명상, 웃음 등도 우리의 몸 안에서 젊은 호르몬 물질을 분비하게 만든다. 또 규칙적인 유산소 운동을 통해 사이토카인10은 면역, 감염병, 조혈기능, 조직회복 등에 중요한 역할을 한다. 그러나 노화를 촉진시키는 과식, 과음, 흡연, 스트레스, 배기가스, 방사선, 폭언, 부정적인 생각 등으로부터는 벗어나야 한다. 그래서 젊게 사는 사람들의 공통점은 흥하는 말을 하며 잘 웃고 매우 긍정적이다. 일상에서 잘 노는 뇌를 가지게 된다.

따라서 수시로 두뇌의 신경세포들을 자극하고 잘 노는 해마로 활성화시켜야 한다. 서울대학교 의과대학 서유헌 교수가 권하는 두뇌 활성화 지침이다. 이는 건강하게 장수하며 치매를 예방할 수도 있다.

다음은 일상의 생활에서 해야 할 7가지와 하면 안 되는 3가지를 소개한다. 더불어 하면 안 되는 나의 주장 3가지도 덧붙였다.

<생활건강100 주치의>

뇌+호르몬 활성화 생활습관 지침

❖ **일상생활에서 해야 할 7가지**

 1. 적절히 책을 읽어라.

 2. 충분히 자고 휴식을 취하라.

 3. 즐겁게 웃으며 일하라.

 4. 손을 정밀하게 많이 사용하고 움직여라.

 5. 봉사, 취미, 놀이 활동을 많이 하라.

 6. 음식을 30번 이상 씹어라.

 7. 좌뇌뿐만 아니라 우뇌도 많이 써라.

❖ **하면 안 되는 3가지**

 1. 스트레스를 많이 받는다.

 2. 뇌에 물리적 충격을 준다.

 3. 술, 담배, 마약 등 습관 병을 갖고 있다.

❖ **나의 주장 3가지**

 1. 불규칙한 생활습관

 2. 분노, 두려움, 불평

 3. 부정적인 생각과 말

Chapter **11**

내 삶을 결정지었다
기적의 칭찬 약(藥)

칭찬 약(藥) 앞에

장사 없다

잘 드는 입 속의 약(藥)

✚

긍정의 칭찬 약(藥) 먹이기

켄 블랜차드의 말 "칭찬은 고래도 춤추게 한다."

우리가 하는 생각과 말이 우리를 치유한다.

아무리 엄격한 사람도 '세상에서 가장 멋진 당신께 부탁해요.' 이러한 칭찬 약(藥) 앞에 장사 없다. 그래서 누구나 긍정의 칭찬 약(藥)을 먹이면 기분이 좋아진다. 설령 그게 가벼운 칭찬일지라도 행복감이 상승되고 기분이 좋고 마음도 기쁘다.

얼마 전 황혼이혼을 앞둔 지인 분과 대화를 하게 되었다. 30년을 마지못해 살았으며 서로 마주 보고 앉아 이야기를 하거나 같이 웃어 본 적이 거의 없었다고 한다. 그들에게 내가 내린 처방은 칭찬이었다. 예로

"여보‥고마워!" "여보‥사랑해!" "당신 오늘 수고했어" "당신이 내 아내라 행복해" 등.

이처럼 하루 10번씩 칭찬의 말을 해주는 것이다. 다음으로 사랑의 포옹과 키스다. 흔히 피부는 제2의 뇌라고 불린다. 그러므로 따뜻한 포옹은 뇌를 자극한다. 부부가 하루에 다섯 번씩 포옹을 할 때마다 "사랑해요" "고마워요" "감사해" "소중한 당신" 등 긍정의 말을 하며 따뜻한 스킨십을 나눈다.

이 처방의 효능은 엄청 탁월했다. 정말 잘 드는 약이다.

원광대 보건복지학부 김종인 교수팀이 전국의 100세 이상 노인 507명을 대상으로 장수 요인을 조사하였다. 이들 중 90%가 화를 내지 않고 낙천적 성격으로 평상시 긍정적이고 매우 잘 웃는다는 것이다.

텍사스 대학교의 테드 휴스턴(T. L. Huston) 교수는 결혼한 부부 145명을 13년에 걸쳐서 추적 조사하여 어떤 부부가 주로 이혼하는지 조사했더니, 서로 욕하는 부부였다. 반대로 이혼하지 않고 행복하게 사는 부부들은 애정을 자주 표현하거나 칭찬하는 부부였다고 한다.[1]

칭찬 받고 기분이 좋을 때, 마음이 기쁘고 감사할 때, 너무 좋아서 울 때, 우리 몸 혈액 속에 흐르는 엔도르핀이 증가하고 암세포를 공격하는 자연살상세포(NK)의 활성화가 높아진다. 그리고 뇌 뉴런이 움직여 잠자

---

[1] 말투 하나 바꿨을 뿐인데, 나이토 요시히토, 역 김한나, 유노북스.

고 있던 뇌를 깨운다. 일본 오사카 대학원의 신경기능학 팀에서도 칭찬을 주고받아 기쁘고 즐거울 때, 병균을 막는 항체인 감마인터페론의 분비가 증가해 바이러스에 대한 저항력이 커지며 세포 조직의 증식에도 도움이 된다고 밝혔다.

뇌 안의 감성 뇌

'감정'이란 사전적으로는 '어떤 현상이나 일에 대하여 일어나는 마음이나 느끼는 기분'으로 정의한다. 이 감정은 우리의 삶을 다채롭게 만들어준다. 최근 에모리대학 신경학과 브렌다 한나 플래디 박사팀은 학술지 '신경심리학(Neuropsychology)' 최근호에서 오랫동안 좋은 말과 칭찬, 감사를 들은 한 노인이 그렇지 않은 노인보다 인지능력이 더 좋은 것으로 나타났다. 또 공간에 대한 기억력, 사물의 이름을 맞추는 것, 새로운 정보에 대한 대처능력 등이 모두 뛰어났다고 발표했다.

만약에 앞에 가는 사람을 향해 험담을 했다고 가정해 보자.

예로, "A○○ 씨는 가다가 넘어져라!"라고 말했다. 그러면 우리의 뇌 자율신경계는 동사 "넘어지다"라는 말에만 반응해 자신에게 하는 말로 착각하여 뇌는 스트레스 호르몬을 분비하게 된다. 즉 자신이 내뱉은 말이 상대에게도 반응을 나타내지만 자기 자신에게도 손상을 입힌다. 반대로 긍정의 말을 하면 우리의 뇌는 긍정적 반응을 나타낸다.

예를 들어, "BOO 씨는 오늘 좋은 일만 가득하고 행복하세요!"라고 격려해 주면, 우리의 자율신경계는 동사인 "가득하고 행복하세요!"라는 말에만 반응한다는 것이다. 타인에게도 칭찬의 반응을 나타내지만 자기 자신도 칭찬을 받았다고 인식하게 된다. 그런데 우리의 뇌는 좋은 소리를 더욱 주목한다. 그래서 한 마디의 칭찬과 감사는 상대방을 좋게 하고 자신도 행복해지게 하는 힘을 가지고 있다. 이것을 흔히 부메랑의 원리라고 한다. 그래서 우리의 감정 뇌는 좋은 소리를 듣거나 긍정적인 자극을 주었을 때 신나고 즐겁다. 이때 뇌에서 행복감을 증진시켜주는 도파민 호르몬의 분비가 늘어난다.

반짝거리는 사랑의 터치

미국의 심리학자인 셰드 헴스테더(Shad Helmstetter) 박사는 사람들의 생각 중에 75퍼센트가 부정적인 생각이고 25퍼센트만이 긍정적인 생각이라는 것을 밝혀냈다. 또한 신경과학자들은 모든 스킨십과 사고가 두 뇌를 통해 전기적이고 화학적인 신호를 보내서 궁극적으로 우리 몸의 모든 세포에 영향을 준다는 것을 밝혀냈다. 긍정은 수면, 소화, 맥박, 그리고 혈액 등 모든 신체 기능에 영향을 준다. 나의 삶은 생각의 결과물인 것이다. 그래서 지금 하는 생각과 언어의 영향을 받아 우리의 운명이 조금씩 재창조 되어져 가는 것이다.

병원에서도 화려하고 장황한 말들보다 따뜻한 스킨십이 더 큰 힘을 발휘할 때가 있다. 캘리포니아대학교 심리학 교수인 대처 캘트너(Dacher Keltner)는 "가벼운 신체접촉은 우리가 처음 배우는 언어이다"라고 했다. 또한 연구 결과 진짜 웃음을 실천한 사람들이 가짜 웃음의 사람들보다 더 건강하고 더 행복한 삶을 유지한다고 하였다.[2]

이처럼 쾌활한 성격과 스킨십으로 마음을 전달하는 경우도 있는데, 특별히 격려의 스킨십은 굉장한 능력의 사람으로 만들어낸다.

언제 얼굴이 반짝반짝하게 미소를 지을까?

당연 마음이 기쁘면 미소를 짓게 된다. 이는 기쁜 감정의 호르몬이 나왔기 때문이다. 결국 건강과 삶이 반짝거린다.

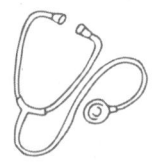

2) 선의 탄생, 대처 켈트너, 역 하윤숙, 감수 장대익, 옥당, 2011.

<생활건강100 주치의>

젊게 사는 법 7가지

나이와 상관없이 뇌의 전두엽이 젊게 놀 때 진짜 젊은 사람이다. 뇌 나이를 젊게 하려면 잘 노는 뇌로 만들어라. 뇌의 신경 연결망을 새롭게 만들고 변화를 긍정적으로 받아들이게 한다.

다음은 전두엽을 젊게 유지하는 7가지 방법이다.

1. 큰 소리로 자주 웃는다.
2. 감사할 줄 알고 항상 기뻐하라.
3. 잘 노는 뇌로 지적인 자극을 많이 주어라.
4. 혼자있는 시간을 의미 있게 보내는 힘을 길러라.
5. 균형 잡힌 식사와 꾸준한 운동을 하라.
6. 호기심과 탐구심이 뇌를 젊게 한다.
7. 공부하는 뇌가 젊어진다.

독(毒)이든 약(藥)이든

✚

나의 언어생활 체크하기

미국 아칸소주립대 심리학과 교수인 제프리 로어는 "화가 난다고 해서 불평을 쏟아내는 습관은 마치 밀폐된 엘리베이터에서 방귀를 뀌는 것과 같다. 당장은 시원할지 몰라도 금세 주변 사람들이 괴롭고, 나 자신까지 괴로워진다'라고 말했다. 아칸소 주립대 연구팀에 의하면 '회사나 가정에서 부정적인 생각을 자주 하는 편'이라고 응답한 사람은 코르티솔 호르몬이 두 배 가량 더 분비되었다고 한다.[3] 이러한 불평과 원망은 곧바로 여러 가지 '악(惡)'으로 발전하게 된다.

흔히 '보이지 않는 말이 칼보다 깊은 상처를 남긴다'라고 하지 않은가. 우리 입속에는 치유하고 위로하는 좋은 약도 있지만 독(毒)이 되는 말도

---

3) 기사 : https://cebuin.com/column/view/14160

많다. 물론 누구도 독이 되는 말을 복용하기를 원치 않는다. 결국 독이든 약이든 어떤 마음을 먹느냐에 따라 결정된다.

다음 아래의 말은 독(毒)이 되는 말인지, 좋은 약(藥)이 되는 말인지를 체크해 보라.

독(毒)인지, 약(藥)인지 체크하기

말	체크 : 약(藥) / 독(毒)	
"그럴 수 있지, 괜찮아"	( )	( )
"너가 내 친구였다는 게 치욕이다"	( )	( )
"내가 보니 넌 가장 저질이야"	( )	( )
"지옥에나 떨어져라"	( )	( )
"엄마는 너를 사랑한단다"	( )	( )
"빌어먹기 꼭 좋겠다"	( )	( )
"너 같은 건 필요 없어"	( )	( )
"함께라면 더 잘 할 수 있어"	( )	( )
"나는 쓸모없는 인간이다"	( )	( )
"틀려도 괜찮아, 힘내"	( )	( )
"열심히 했으면 된 거야"	( )	( )
"바보 같은 놈"	( )	( )
"누굴 닮아 그 모양이냐?"	( )	( )

독(毒)이 되는 말

미국의 심층뉴스 TV프로그램 인사이드 에디션의 진행자로 유명한 데보라 노빌(Deborah Norville)의 책 <감사의 힘>에서 성공은 '감사합니다'라는 말을 자주하는 습관에서 비롯된다고 말했다. 그런데 놀랍게도 '감사합니다'라는 말 한마디로 기적을 만들기에 충분하다.

(칭찬 : 욕)
분노의 침전물 실험

흔히 쉽게 감정을 통제하지 못하고 욱하는 성질 때문에 상대에게 깊은 상처를 주는 말들을 입 밖으로 내뱉곤 한다. 뒤늦게 후회하고 사과를 한다해도 쉽게 치유되지 않는다. 말이 흉기가 되어 이미 깊은 상처를 남겼기 때문이다. 그러므로 기분이 나쁘고 흥분이 된다고 하여 상대를 인격적으로 모독하거나 무시하는 막말을 해서는 안 된다. 무릇 사람의 입 안에 도끼가 있어 몸을 찍기 쉽다.

더 놀라운 깨달음은 독이 되는 말은 상대방의 몸을 찍는데 그치지 않고 무서운 도끼로 돌아와 제 몸을 찍는다. 이제 일상에서 독이 되는 말을 내뱉지 말아야 한다.

독일 시인 하이네는 "하나님께 감사할 때 모든 질병이 쫓겨난다"라고 말했다. 어느 실험에서 화를 내는 사람의 호흡과 감사하는 마음을 가진 사람의 호흡을 각각 병에 모은 뒤 그 안에 모기를 풀어놓았다. 그 결과 전자의 모기는 얼마 가지 않아 죽었고, 후자의 모기는 더 오래 살았다. 이처럼 화, 욕, 분노는 우리 뇌에 직접적인 독(毒)으로 작용한다. 미국 워싱턴대 심리학과 엘마 게이츠(1859-1923) 교수는 화, 욕, 분노가 사람에게 얼마나 나쁜 영향을 끼치는지를 실험으로 증명했다. 그는 사람들이 말할 때 나오는 미세한 침 파편을 모아 침전물을 분석했는데 사람의 감정 상태에 따라 침전물의 색깔이 달라짐을 알아냈다.

침전물은 평상시에는 무색이었지만 '아름답다' '감사하다' '사랑한다' '좋습니다'라는 말을 할 때는 분홍색, 그리고 화를 내거나 짜증, 욕을 할 때의 침전물은 짙은 갈색이 되었다. 이 갈색 침전물을 모아 실험용 흰 쥐에게 투여했더니 쥐가 몇 분 만에 죽고 말았다. 그는 이를 '분노의 침전물'이라고 이름 붙였다. 실험 결과처럼 화, 욕, 분노, 저주 등은 독(毒)이 된다는 것이다.

또 영국 런던대학교 존드웨일 박사의 연구결과에 따르면 화, 욕, 분노는 일반 단어보다 4배나 기억에 오래 남는다고 하였다. 반면에 인정과 감사, 희망, 긍정 그리고 사랑과 칭찬은 사람을 살리는 약이 된다. 또 행복한 관계를 만든다. 다시 도전케 하며 성과를 낸다. 무엇보다도 기적의 호르몬을 분비하게 한다.

노화를 방지케 하는 언어생활

헬스조선에 의해 발표된 암에 관한 10가지 굿 뉴스 가운데 하나가 긍정의 언어생활이었다. 부부사이에 말 한마디가 암 예방과 노화방지에 큰 효과가 있다는 연구결과가 나왔다. 또한 일찍이 연세대 사회복지학과 김재엽 교수 연구팀은 부부 사이에 주고받는 '고맙다' '감사하다' '사랑한다' 등 긍정적인 표현이 성인병 예방과 노화방지에 효과가 있다고 밝혔다. 특히 노인 남성 30명을 대상으로 실험한 결과 배우자에게 매일 이러한 표현을 한 그룹이 혈액 내 산화성 스트레스 지표가 5퍼센트 감소했고, 면역력 지표는 30퍼센트 늘었다는 결과를 얻었다. 즉 긍정적인 언어생활(藥)로 건강을 지킬 수 있다는 의미이다. 그래서 나는 자주 '마음이 건강하면 몸도 건강하다'는 말을 외친다.

다음은 오랜 시간 여러 연구 자료들을 살펴보고 낸 결과이다.

확실히 입속의 좋은 말은 체내 산화성 스트레스가 줄어들며 성인병 등의 발생 확률이 낮아지고 무엇보다도 노화도 늦춰지는 것이다. 그리고 연구에 참여한 그룹의 우울감 역시 증상이 개선되었으며 스트레스 대처능력이 향상되었다. 이 놀라운 재발견이 모두의 건강한 삶을 누리는 결단이 되기를 바란다.

참고로 독이 되는 산화성 스트레스(oxidative stress)는 세포의 활성산소족 생산과 항산화 방어기전이 균형을 잃고 조직 손상을 일으킨다. 이는 노화와 성인병 그리고 인간에게서 나타나는 질병과 연관되어 있다. 이 활성산소가 증가해 인체에 해롭게 작용한다. 물론 노화도 촉진한다.

산화서 스트레스가 발생하는 원인으로는 올바르지 않은 식습관과 영양불균형, 불규칙적인 생활습관, 과도한 운동, 흡연, 음주 등이다. 그러므로 일상에서 산화성 스트레스가 일어나지 않도록 안정된 생활을 해야 할 것이다

다음의 언어생활은 치명적인 독(毒)이 될 수 있다. 절대 사용해서는 안 되는 언어이다.

<생활건강100 주치의>

독(毒)이 되는 말 7가지

1. "병신" "바보" "아무짝에도 쓸모없는 인간아"...

2. "필요 없어" "나가 죽어" ...

3. "네 잘못이야" "너 때문이야" ...

4. "추하다" "더럽다" ...

5. "난 못해" "할 수 없어" ...

6. "미워" "싫어" ...

7. "실패" "끝이다"...

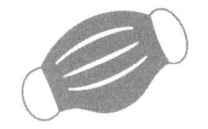

Chapter 12

젊게 사는
신비로운 마음치유력

몸과 마음이

마음먹기에 따라

젊어진다.

마음치유의 기적

✚

의(醫)의 예술

나는 '혁명(revolution)'이라는 말을 좋아해 자주 사용한다. 혁명은 오래된 패러다임을 뒤집거나 부셔버리고 새롭게 창조하는 것을 의미한다. 즉 이전의 관습이나 제도, 방식(법식) 따위를 단번에 깨뜨리고 질적으로 새로운 것을 급격하게 세우는 일이다. 그렇다. 우리가 건강하게 늙어가는 웰 에이징(well ageing)을 누리기 위해서는 먼저 생각의 혁명부터 일으켜야 한다. 당장 자신의 몸과 마음을 정확히 파악하고 알아야 통제적 다스림이 가능하기 때문이다.

'인생은 짧고 예술은 길다(Life is short, Art is long)'라는 말은 서양의학의 아버지로 불리는 의사 히포크라테스(Hippocrates)가 쓴 의학교과서 제

1장 1절에 나오는 문장이다. 사실 히포크라테스가 얘기한 '인생은 짧고 예술은 길다'는 의사들을 향해 '공부 열심히 하라'는 의미였다.

가장 정확한 번역으로 보고자 한다.

라틴어

Ars   longa, vita brevis

아르스 롱가   비타 브레비스

(예술은 길다, 인생은 짧다)

'예술'의 의미는 '테크닉'을 의미하는 '기술'이다. '기술'은 '의술, 기술, 학문'으로 번역할 수 있다. 즉, 학문을 실현할 기회는 재빨리 지나가고 의학의 실험은 불완전하고 결과에 대한 판단은 어렵다는 의미이다.

그러므로 의학은 넓은 의미에서 예술(art)이고, 좁은 의미에서는 치유 예술(Healing Art)이다. 그래서 의(醫)는 인술(Healing Art)이다. "의(의원 의 醫)는 하나이고 의학(醫學)은 여럿이며 요법(療法)은 수 천 가지이다."라는 말에서 보듯, 의(醫)는 예술(art)로서 혼을 담아 꾸준히 다듬고 만들어가는 것이다. 한마디로 치유에 이르는 요법은 수 천 가지라는 의미이다.

참다운 치유 예술은 건강을 제대로 다스림에 있다. 그래서 세계보건기구는 건강(health)을 한마디로 '언제나 젊고 낙천적으로 살면서 행복을 느끼는 상태'라고 하였다. 즉 젊음을 유지하는 것을 의미한다.

기막히게 잘 듣는 위약

고귀한 생각들이 모든 곳에서 우리에게 오게 하라.
_ 고대인도 경전인 '베다'

'기적을 일으키는 것은 의사가 아니라 환자다'는 말이 빈말은 아닌 듯하다. <자연치유력>의 저자 가와시마 아키라 박사[1]는 "무작정 의사에게 모든 것을 의존해서는 안 된다"고 일침을 가한다. 분명 몸과 마음이 모두 면역력 균형을 이루면 자연스럽게 병이 치유되는 것이다. 이 <자연치유력>[2] 책은 병을 치유하기 위해 가장 중요한 것은 환자 자신임을 일깨워준다. 무작정 약이나 수술로 보이는 것만이 아니라 내면 가까이에 다가가는 방법을 통해 스스로 병을 치유해야 함을 말한다.

흔히 플라시보 효과(placebo effect)는 가짜 약이 효과를 내는 경우를 뜻한다. 라틴어의 '나는 나아서 기쁠 것이다(I will please)' 에서 온 말이다. '위약(僞藥)' 또는 '플라시보(placebo)'는 설탕으로 만든 가짜 알약을 의미한다. 말하자면 신뢰하는 의사로부터 환자들은 이 가짜 설탕 약이 진짜 효과 있는 약이고, 이것을 먹으면 강력한 효과를 가진 진통제라는 말을 듣는다. 그리고 환자들은 정말로 그 약을 통해 통증이 사라지고

---

1) 1957년 출생, 의학 박사, 홋가이도대학 의학부 졸업, 하버드대학 의학부 유학, 현재 대체의학을 통한 의료 실시, 저자로도 활동.
2) 자연 치유력, 아와시마 아키라, 이진원 역, 삼호미디어(2014).

안정되는 느낌을 경험한다. 이것이 위약의 효과다.

　왜 우리 인간은 엉터리 위약을 복용하고는 효과가 뛰어나다고 착각할까? 이 위약은 실로 건강과 수명을 연장하는 데도 기여했기 때문이다. 현재 인간의 수명이 120세에 도달했다. 그래서 장수하려면 다음의 위약을 매일 세끼를 먹되 규칙적으로 생활화해야 한다. 어쩌면 현대병인 통증 완화, 만성 피로 특히 불안, 스트레스, 노화, 우울감, 치매 등 예방에 큰 도움이 된다. 그런데 '엉터리 위약(偽藥)'이지만 인체에 부작용이 없으며, 두뇌가 작동되어 호르몬을 분비시키며 인체에 결정적 영향을 끼친다는 것이다. 정신과의사였던 마이클 모스코비츠는 위약의 효과로 통증, 우울증, 관절염, 과민성 대장증후군, 궤양 등에 효과가 있다고 말했다.

　한 병원에서 관절염 환자들에게 '새로 개발된 진통제인데, 효과가 아주 좋다'고 설명하며 주사를 놓았다고 한다. 사실 이것은 진통제가 아니라 비타민 주사였다. 시간이 흐른 뒤 그 환자들의 반응을 살펴보았더니, 기존 진통제보다 훨씬 더 효과가 좋았다고 한다.

　이처럼 플라시보 위약은 스스로 마음먹기에 따라 우리 몸을 좋게 바꿀 수 있다는 것이다. 반대로 '노시보 효과(nocebo effect)'[3]는 기대나 희망을 저버리는 순간 우리 몸의 반응이 더 악화되는 것을 의미한다. 그러므

---

3) 의사의 말이 환자에게 부정적인 감정이나 기대를 유발하여 아무런 의학적 이유 없이 환자에게 피해를 입히는 현상이다.

로 플라시보 효과와 노시보 효과는 인간의 마음가짐이 인체에 강력한 영향을 미친다는 것을 알려주고 있다.

<생활건강100 주치의>

감사의 기적

실로 감사의 생각과 말은 상황을 바꾸고 치유하는 힘이 있다.

론다 번이 쓴 <시크릿The Secret> 책에는 아름답고 감동적인 이야기가 있다. 유방암 진단을 받은 케이시 굿맨은 유방암 진단을 받았지만 날마다 절대 긍정의 생각을 갖고 말했다.

"내 병을 낫게 해주셔서 감사합니다."

아직 낫지 않았지만 계속해서 "내 몸에는 암이 전혀 없다."

아직도 암이 그대로 있었지만 "유방암이 낫게 되어 감사해요."

그런데 놀랍게도 어느 날 검사해보았더니 유방암이 깨끗하게 치유되었다.

담당 의사는 말하기를 "이는 감사의 기적입니다."

마음치유의 기적

**병은 땀이 나거나, 설사하거나, 피를 흘려도
음양이 조화롭다면 반드시 스스로 치유된다.**

_동양의학 '상한론'

말할 수 없이 소중한 비밀을 밝힐 수 있어 매우 기쁘다. 누구든 반복하여 글을 읽다보면 놀라운 영감을 얻게 되고 실천함으로써 마음치유가 일어날 것이다.

심신의학의 창안자 디팩 초프라(Deepak Chopra) 박사가 전하는 마음건강의 비밀을 담은 책 <마음의 기적>을 접할 수 있어 참으로 행복하다. 그는 하버드의대에서 공부했고 고대 인도의 전통 치유 의학자이다. 그는 만병의 근원을 '스트레스'라고 힘주어 말한다. 초프라 박사는 면역체계를 약화시켜서 암을 비롯한 각종 질병에 대한 노출을 증가시키는 것을 스트레스라고 밝히고 있다. 그러면서 우리의 마음가짐, 즉 긍정적이거나 부정적인 감정과 생각이 육체의 건강에 그대로 영향을 미친다고 말한다.

우리의 몸과 마음은 칼로 무 자르듯 그리 쉽게 나눠질 수 없다. 몸과 마음이 하나로 연결되어 있기 때문이다. 우리의 몸과 마음은 아주 밀접한 관계로 되어 있다. 우리 몸 안에 50조에 이르는 세포들이 활동한다. 그리고 몸은 강물처럼 흐르고 변한다.

마음은 뇌가 정상적으로 만들어내는 천연치료제의 내부 공급을 조정할 수도 있다. 그래서 뇌에 쾌락의 화학반응을 이용하여 통증을 좀 더 빨리 완화시키기도 한다.

노먼 도이지가 쓴 '스스로 치유하는 뇌'에 보면 '치유'는 고대 영어 'haelan(손상되지 않은)'에서 비롯된 말이다. '치료하다'라는 뜻을 넘어서 '전체를 만든다'라는 의미이다. 그래서 고대 그리스 의학의 아버지 히포크라테스는 "몸이 일차적 치유자라고 보았고, 의사와 환자는 자연과 더불어 협력해서 몸이 자체 치유력을 가동하도록 돕는 것"이라고 믿었다.

일찍이 하버드의대 디팩 초프라 교수가 쓴 <마음의 기적>에서 플라시보 효과가 약으로써 효력이 좋다는 글을 읽고는 더욱 마음치유에 집중하였고 활용하게 되었다. 마음치유가 일어날 수 있도록 장을 마련하였다. 또 베스트셀러 <웃음의 치유력>[4] 책을 써서 대중에게 플라시보 효과에 대해 일깨워준 노먼 커즌스는 "플라시보는 알약이라기보다는, 내면에 존재하는 의사다."라며 적극적으로 실천할 것을 주장했다.

꼭 기억하되, 건강도 질병도 모두 마음에서 시작된다. 그러므로 우리는 몸과 마음에 생명력을 부여해야 한다. 참 건강을 위해서는 선행되어야 할 마음치유와 생활습관의 변화가 필요하다. 잘못된 습관을 제거하고 올바른 습관을 기르는 것이다. 자신의 몸과 마음을 다스리고 화, 분노, 긴장, 감정을 완화한다. 평상시 긍정적 마음의 상태를 유지한다. 그리고 시각적, 명상적 삶을 즐긴다. 이러한 태도는 스트레스를 완화시킨다.

---

4) 웃음의 치유력, 노먼 커즌스, 양억관 역, 스마트비즈니스(2007).

우리의 몸과 마음은 어떤 태도를 갖느냐의 연장선상에 있다. 우리의 마음가짐에 따라 몸이 위기에서 살아남는 능력에 영향을 미친다. 그래서 긍정적인 태도는 건강과 행복의 감정을 강하게 불러일으킨다. 반면에 부정적인 태도는 긴장, 두려움, 근심, 절망, 화 같은 감정을 불러온다.

나는 이런 얘기를 들었다. 폐암 환자가 매일 아침 자리에서 일어나면 앉은 채로 눈을 감고 10분 정도 다음의 말을 반복했다고 한다.

> "나의 몸과 마음은 점점 좋아져서
> 결국 완전히 회복될 거야!
> 내 몸은 건강하여 더 좋아졌다!"

환자 자신이 내뱉은 말을 전적으로 믿었다. 의사는 1년도 살 수 없을 것이라고 했지만, 5년이 지나도록 건강하게 살고 있다.

우리는 이 이야기를 통해 마음 치유적 태도를 가질 때 예방을 넘어 회복까지도 가능하다는 것을 알 수 있다. 이처럼 우리의 몸과 마음은 생각하는 대로 반영된다. 스스로 치유하는 힘을 지녔다. 만약 불안해한 다면 위장에선 과다한 위산이 분비되고, 피 속으로는 많은 양의 아드레날린이 흐르게 된다. 그 결과 우리 몸은 위궤양과 고혈압 등에 걸릴 수도 있다. 그래서 자기치유력을 높이려면 식생활, 운동, 마음가짐(습관)을 균형있게 갖추어야 한다.

다음은 <자연치유력>의 저자 가와시마 아키라 박사가 자기치유력을 강화하는 4가지 방법이다.

<생활건강100 주치의>

자기치유력 강화 4가지 방법

1) 생활 속에서 항상 몸을 따뜻하게 유지한다.

2) 과도한 스트레스를 받지 않도록 한다.

3) 양약의 사용을 가능한 자제한다.

4) 바디워크 요법으로 마음을 깨운다.

스스로 마음치유력

세계 사망률 1위를 차지하는 질병이 무엇인지 아는가?

바로 '관상동맥질환'이다. 이는 심근경색, 심장마비를 뜻하는 말이다. 동맥은 심장에 산소를 공급하는 혈관인데 관상동맥질환을 일으키는 관련된 요인은 비만과 고혈압, 스트레스, 콜레스테롤의 증가, 흡연, 운동 부족, 유전적 요소 등 이다. 그런데 이 위험 요소들은 스스로가 마음먹기에 따라서 조절할 수 있다. 충분히 예방과 치유가 가능하다. 그래서 고대 그리스 의사 히포크라테스는 "우리들 각자의 내면에 있는 자연스러운 치유력은 건강을 창조하는 가장 큰 힘이다"라고 말했다. 즉 마음으로 건강을 다스릴 수 있다. 그런가하면 "걱정이 사람을 늙게 한다"는 말을 들어본 적이 있는가? 즉, 근심 걱정은 마음에 병을 만든다는 의미이다.

우리 몸 안으로 침입한 세균에 저항할 수 있는 최상의 상태를 만들어주려면 어떻게 해야 하는가? 미국 캘리포니아 주 로마린다 의과대학의 리 버크, 스탠리 탠 교수는 '웃음과 면역체계'라는 흥미로운 논문(웃음이 신체를 어떻게 변화시키는지 연구)에서, 성인 60명의 혈액을 평상시 생활할 때 그리고 1시간 동안 코미디 프로그램을 보게 한 뒤 각각 채취해 비교했다. 가장 눈에 띄는 것은 한바탕 웃고 난 후 몸 안에서 증가하는 것으로 나타난 '감마 인터페론'이다. 웃을 때 200배 이상 증가하는 감마 인터페론은 면역체계를 작동시키는 T세포를 활성화시킨다. 더욱이 종양이나 바이러스 등을 공격하는 백혈구와 면역 글로블린을 생성하는 B세포도 활발하게 해준다.(웃음의 치유력, 노먼 커즌스) 한마디로 웃고 살면 바이러스 등이 몸속에 들어와 일으키는 질병에는 잘 걸리지 않는다는 뜻이다.

우리는 하루하루를 즐겁고 행복하게, 긍정적이며 건강하고 창조적인 삶을 살아야 한다. 건강한 사람들은 과거에 얽매여 있거나 미래만 쫓아가며 살지 않는다. 그들은 지금 현재를 감사하며 소소한 것에도 의미를 두고 산다. 그래서 더없이 풍요롭게 성장한다. 심리학자 에이브러햄 매슬로우는 진정으로 건강한 사람은 자신에게 좋은 것을 스스로 원하고 즐긴다고 말했다.

이처럼 마음치유는 단순하다. 온전한 마음가짐은 뇌에서 화학작용을 일으킨다. 이를 테면, 행복한 마음을 유지하면 몸과 마음에 유익한 화학작용(신경전달물질)을 한다. 반면에 걱정과 분노, 부정적 생각, 스트레스를 받으면 몸과 마음에 해로운 영향을 미치는 화학작용을 한다. 이 신경전달물질은 온 몸에 그대로 영향을 미친다. 특히 화, 분노, 걱정, 불안감(증오, 갈등, 우울)을 가지면 심장박동은 빠르게 되고 혈압을 증가시킨다. 속이 답답하고 온 몸에 힘이 빠진다. 어떤 사람은 식은땀이 흐른다. 얼굴이 하얗게 질리고 면역력이 저하된다. 반대로 하루하루를 행복하고 사랑 가득한 마음을 가지면 두뇌의 신경전달물질은 행복 호르몬을 분비하여 면역체계의 저항력을 증가시킨다. 따라서 우리의 마음은 건강과 행복, 감사를 확대시켜 나간다. 이것이 마음 치유력이다.

노화는 더디게 하고
젊게 사는 법

✚

행복감을 증진시키는 감정 뇌

'뇌 안의 뇌'라 불리는 감정 뇌가 우리 뇌의 중심에 자리 잡고 있다. 이를 전문용어로 '변연계'라고 불리며 언어와 사고를 지배한다. 심리적 안정뿐만 아니라 심장기능, 혈압, 호르몬, 소화계, 심지어 면역체계 등 대부분의 생리현상을 조절한다. 그런데 이 감정 뇌는 자기치유력을 지니고 있다.

이는 몸속에 내재해 있는 균형과 안정을 회복하려는 능력을 말한다.[5] 대니엘 골만이 감성지능(EQ)이 지적지능(IQ)을 통제한다는 것을 밝혔다. 그래서 성공한 사람 중 지적지능이 좋아서 성공한 사람은 20%인 반면에 감정지능이 좋아서 성공한 사람은 80%라는 것이다.[6] 즉 사회적 관

---

5) 다비드 세르방-슈레베르, 치유, 역 정미애, 문학세계사(2004), p 20.
6) Goldeman, d. (1997), L'intelligence emotionnelle, Paris, Robert Laffont.

계에서 감정을 통제하고 다스리는 능력을 갖춘 사람이 더 성공할 수 있는 기회가 크다는 의미이다. 그러나 이 감정 뇌에 손상이 가면 우울감, 무력감, 불안감 등이 나타날 수 있다. 심지어는 환각, 망상, 환청이 들리기도 한다.

불멸의 세포(노화와 장수)

미국의 시인이자 사상가 랠프 월도 에머슨은 참으로 멋진 말을 했다. **"사람은 그냥 늙지 않으며, 성장을 멈출 때에야 비로소 늙기 시작한다."** 현대 진화론자 찰스 다윈도 인간의 뇌와 정신능력은 무한히 성장한다고 말했다.

자연의 일부 물고기와 악어류의 신진대사 속도는 매우 느리게 되어 있고, 세포는 오래도록 성장하게 되어있다. 이들이 죽는 경우는 다른 육식동물의 먹이가 되었을 때뿐이다. 식물 중에서는 브리슬콘 소나무가 오천년까지 살 수 있다고 한다. 그런데 유전자 자체는 환경만 맞으면 영원히 살 수 있다고 한다.

놀라지 말라. 아담의 창조 시 처음에는 인간도 질병과 죽음이 없는 존재였다. 불멸의 세포를 가지고 태어났다. 유전자는 결코 죽지 않는다. 아직도 우리의 유전자 자체는 불멸의 존재다. 그래서 건강한 유전자는 노화나 질병, 죽음을 모른다(유전자적 의미, 인간은 죽는다).

사람은 누구든 시간이 흐르면 몸과 마음이 서서히 쇠퇴하며 기능들이 저하되고 노화된다. 그리고는 마침내 죽음에 이른다. 스트레스와 걱정, 분노 등이 노화를 촉진한다. 그래서 스트레스를 잘 처리하고 마음을 잘 다스리면 장수할 가능성이 높아진다. 그런데 노화를 더디게 하려면 몸 안에 동맥경화를 일으키는 물질을 반입하지 않도록 한다. 이를 테면 공해, 연기, 오염된 물, 썩은 식품, 방부제 등 밖에서 몸 안으로 들어오지 못하게 해야 한다. 이러한 노력은 노화 지연에 효과적이다.

노화란 흐름이 정체되는 것이다. 우리의 몸과 마음은 언제나 같으면서도 매 순간 새롭다. 정지된 물질이 아니다. 한마디로 호르몬이 생명을 연장시키는 약이다. 무엇보다도 우리의 낡은 생각들을 과감히 버려야 한다.

우리가 계속하여 젊게 생활하려면 과연 무엇을 해야 할까?

기본적으로 생각하고 질문을 던져라. 그리고 글을 쓰고, 책을 읽고 그림을 그린다. 음악과 여행을 즐기고 즐거운 학습을 한다. 이는 심리학자 에이브러햄 매슬로우의 연구 결과이다. 그는 이러한 집단이 그렇지 않은 집단보다 훨씬 더 건강하고, 더 행복하며 지혜롭다는 것을 발견했다고 한다.

사람은 누구나 늙고, 병들고, 무기력해진다. 이것들이 삶의 실재라고 생각하기 때문이다. 그렇지만 질병과 노화를 반드시 받아들여야만 하는 것은 아니다. 우리 마음이 모른다고 거절해도 좋을듯하다. 나이와 시간, 노화를 잊고 사는 것이 진짜 명약, 마음 치유다.

건강한 노화를 만드는 행복의 조건

그리스 철학자 플라톤이 쓴 <국가>에 보면 소크라테스는 다음과 같이 말한다.

"나는 노인들과 이야기 나누기를 좋아한다. 노인들은 우리가 걸어가야 할 인생의 길을 먼저 지나왔다. 그러므로 앞으로 겪게 될 삶이 어떠할지 그들에게서 배울 수 있다." 또 플라톤은 "현명한 마부는 '욕망'과 '복종'이라는 두 마리 말을 균형 있게 다룰 줄 안다"라고 말했다.

우리는 현명한 마부의 중용을 되찾아야 한다. 결국 성공적인 삶이란 욕망과 복종 또는 과도한 경계나 자기보호로 이루어지는 것이 아니라 언제나 몸과 마음을 균형감있게 살아갈 때 젊게 늙어가는 것이다. 즉 자기가 나이들어 늙어간다는 것을 잊고 사는 것이 노화를 더디게 하고 젊게 사는 지혜다.

버클리대학교의 인간발달연구 자료에 따르면 나이가 들수록 점점 더 관대해지고 역경에 부딪혀도 기쁜 마음으로 헤쳐 나간다. 다시 말해 성숙해질수록 이타심은 커지고 남을 비방하는 일은 줄어든다. 그러고 보면 노화가 단순한 쇠퇴의 과정이 아니라 한층 더 활기를 더해가는 성숙한 삶의 과정이다.

하버드대학교 연구팀에서는 신체적, 정신적으로 건강한 노화를 만드는 행복의 조건 7가지를 다음과 같이 꼽았다.

<생활건강100 주치의>

건강한 노화를 만드는 행복 조건 7가지

1. 고통과 질병에 대응하는 성숙한 자세

2. 지속적인 배움과 교육

3. 안정된 결혼 생활

4. 금연

5. 금주

6. 규칙적인 운동

7. 알맞은 체중

Chapter 13

당신을 병들게 하는
스트레스의 모든 것

스트레스를
비껴가는 기술

당신을 병들게 하는
스트레스여, 안녕!

✚

세상 혼잡에 중독된 사람들

서양 철학 첫 수업에서 첫 질문이 베이컨이 남긴 '아는 것이 힘이다(앎)'가 전하는 의미를 알고자 물었다.[1] 그는 영국 계몽주의[2] 철학자 프랜시스 베이컨이다. 깜깜한 어둠 속에서 제대로 세상에 대해 잘 알지 못하는 사람들을 향해 "빛을 비추라"라고 말한다. 여기서 빛은 바로 이성(理性)이다. 그는 이성의 빛을 사람들에게 비춰야 시야가 넓혀져 사회가 발전한다고 생각했다.

흔하게 쓰는 스트레스는 현대인의 생활방식과 밀접한 관계를 갖고

---

1) 여기서 앎은 단순한 정보나 지식이 아니라 대상을 제대로 이해해 우리가 속한 환경을 활용하는 것을 의미한다.
2) 계몽주의를 영어로는 '엔라이튼먼트(Enlightment)'이다. 이는 '빛을 밝힌다'는 뜻이다.

있다. 우리는 복잡해진 생활과 잦은 변화에 따른 생활 속에서 한 개인이 어쩔 수 없이 받아들여야만 하는 관계에 놓여있다. 그래서 스트레스의 아버지인 한스 셀리는 스트레스를 "신체에 가해진 모든 자극에 나타나는 반응"이라고 정의했다. 즉 일상의 근심이 스트레스 요인이 될 수 있다. 단순 직종에 종사하고 직위가 낮은 직원일수록 스트레스는 더 심각하다.

하버드대학교의 75년간 건강연구(인생관찰) 보고서

하버드의과대학 교수인 조지 베일런트(정신건강의학과 전문의)가 미국의 20대 젊은이 268명이 90대 노인이 되기까지 그들의 삶과 건강을 75년에 걸쳐 추적 조사한 인생성장보고서에 따르면,[3] 다음과 같은 사항을 확인할 수 있다.

첫 번째 연구 결과는, 과거가 현재나 미래를 결정짓지 못한다는 것이다. 즉 어제의 만남보다 오늘 누구를 만나고 어떤 생각을 하며 삶에 가치를 어디에 두고 사느냐가 더 중요하다는 것이다.

다음으로는 일상의 삶에서 감사하는 자세와 관대한 마음가짐이다. 즉 현대인들은 배려와 느긋함이 없다는 의미이다. 그리고 은퇴하고 나서도 즐겁고 창조적인 삶을 누려라. 또 젊은 친구들을 사귀는 법을 배워라. 그 젊은이들과 같이 호흡하고 공부를 하라. 현재를 즐겁게 긍정적인

---

3) 75년에 걸친 하버드대학교 인생관찰보고서(행복의 조건), 조지 베일런트, 감수 이시형, 역 이덕남, 프런티어(2016).

마인드를 가지면 신체적 건강에도 영향을 준다. 또한 절망감, 우울감, 자신감 상실, 집중력 결핍 등으로 고통 받고 있는 사람들은 사랑받지 못하고 자란 아이들이었다. 그들은 70세에 심각한 우울증과 치매에 걸린 비율이 높았다. 그리고 심장마비에 걸릴 확률도 더 높았다.

계속하여 하버드대학교의 75년간 건강연구 보고서에 따르면 그 예방과 치료로는 웰 에이징(well ageing), 즉 마음의 즐거움이다. 걱정, 두려움, 욕, 분노를 내지 않는 것이다. 받은 스트레스를 털어내고 새로운 하루를 시작한다. 결국 행복의 조건은 끊임없이 배우고, 유머를 즐기며 감사하는 삶에 있다. 좋은 친구를 사귀며 절대 긍정적인 마인드를 갖고 실천하라는 것이었다.

스트레스의 생리를 보면, 평소 스트레스를 받은 사람은 신경과 호르몬에 의한 생리적인 반응을 동시에 보이게 된다. 즉 스트레스 호르몬이 방출된다. 이는 아드레날린과 노르아들레날린과 코르티코이드라는 부신피질성 호르몬이다. 그런데 이 스트레스를 제대로 처리하지 못해 쌓이게 되면 각종 질병에 노출될 수 있다. 스트레스는 약한 체질을 가진 사람에게 신체적, 정신적으로 여러 질병을 유발하거나 기존의 병을 키우는 데 위험 요소로 작용한다.

그리고 강한 스트레스는 고혈압으로 이어질 가능성이 높다. 또 면역체계를 약화시켜 질병의 발병 원인이 된다. 스트레스를 장기간 받으면, 감기와 같은 감염성 질병에 노출될 확률이 높아진다. 특히 암 발병의 주

원인이 된다.

스트레스 예방과 치유

스트레스 분야의 세계적 권위자인 미국 스탠포드 대학교 생물학과 의대 교수인 로버트 새폴스키(Robert M. Sapolsky)는 그의 저서에서 '스트레스: 당신을 병들게 하는 스트레스의 모든 것.'이라고 말했다.[4] 그는 말하기를 '현대인들은 많은 스트레스를 받기 때문에 건강을 해치고 있다'고 했다. 그는 쥐 실험을 통해 만성적인 스트레스가 뇌의 해마(Hippocampus)에 있는 신경세포를 파괴한다는 것을 입증하였다.

그런가하면 스트레스의 대가(大家) 한스 셀리(hans seyle-뇌분비학자) 박사는 오스트리아-헝가리 제국의 수도이던 빈에서 태어났다. 그는 1958년 최초 스트레스 연구로 노벨 의학상을 받았고 고별 강연을 하버드대학에서 강의했다. 강연이 끝나자 기립 박수를 받으면서 셀리 박사가 퇴장하는데 한 학생이 길을 막고 질문을 하였다.

"선생님, 우리가 스트레스 홍수 시대를 살아야 하는데, 스트레스를 해소할 수 있는 비결을 딱 한마디만 얘기해 주십시오." 그러자 셀리 박사가 딱 한 마디를 했다. "어프리시에이션!(Appreciation!)" 즉 '감사하며 살라'는 의미이다.

그렇다. 범사에 감사하며 사는 것이 신이 내려 준 최고의 선물이다.

---

4) 스트레스:당신을 병들게 하는 스트레스의 모든 것, 로버트 새폴스키, 역 이재담, 이지윤, 사이언북스(2008).

그저 평범한 일상에서도 감사하며 당연한 것에도 재차 감사한다. 심지어 몸이 아플 때조차도 감사할 수 있어야 한다. 사람이 얼마나 행복한가는 '그의 감사함의 깊이에 달려있다'고 하지 않는가?

실로 감사하는 마음은 스트레스의 가장 강력하 방어 수단이다. 매일 감사하며 기쁨의 삶이 최고로 좋은 스트레스 예방과 치료제이다. 놀랍게도 삶이 메마르고 영적으로 침체되어 실패하는 사람들의 공통점은 그들의 생활에 '감사'라는 단어가 빠져 있다고 한다.

나는 성공한 사람들을 많이 만나 보았다. 그들을 관찰하고 연구한 결과 성공한 사람들은 사고방식이나 습관이 서로 닮아 있다는 공통점을 발견했다. 그 성공한 사람들의 정신적 공통점은 무엇일까? 그들은 범사에 희망을 선택하고 소소한 것들조차 감사한다는 것이다(신약성경 살전 5:18 범사에 감사하라). 그런가하면 성공한 사람들이 가장 많이 얘기하는 것 8가지가 있다.

(1)긍정적으로 생각한다. (2)작은 것에 감사한다. (3)정직하고 성실하다. (4)포기하지 않는다. (5)목표(꿈)를 설정한다. (6)좋은 습관을 만든다. (7)끊임없이 노력한다. (8)글을 쓰고 항상 배운다.

그런데 이 요소들은 스트레스 치유에도 효과적이다. 결국 스트레스 치유는 모든 것에 감사함을 갖는 것이다. 무엇보다 긍정의 마음을 갖고 감사하며 기쁨의 삶을 누리기 바란다.

질병을 일으키는
스트레스

+

이미 공공연하게 알려져 있는 바이지만, 장기적인 항우울제 (antidepressants 약물) 복용은 건강을 망가뜨린다. 기억장애, 성욕감퇴, 무기력한 태도가 나타나기도 한다. 그리고 스트레스가 면역 체계에 영향을 주면 면역 체계가 고장이 나서 암의 발병 원인이 될 수 있다.

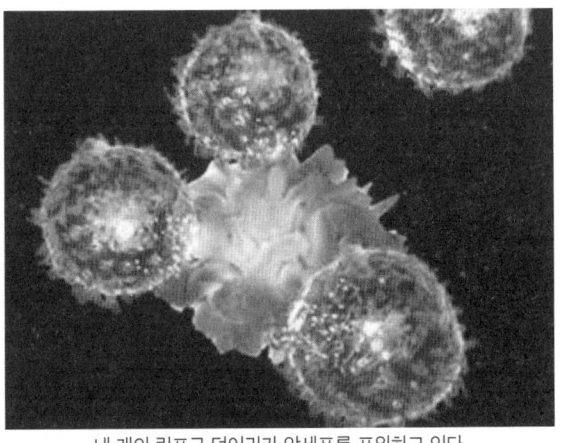

네 개의 림프구 덩어리가 암세포를 포위하고 있다.

스트레스가 암과 연관이 있는 것은 바로 이 면역 체계를 손상시키기 때문이다.

암 세포 저격수로 불리는 림프구(ymphocyte, 백혈구의 하나)는 면역계를 구성하는 중심 세포로서 사이토카인과 항체를 분비함으로써 적응 면역을 담당한다. 림프구는 기능에 따라 크게 B세포, T세포와 자연살상세포(NK)로 나눌 수 있다

약한 체질을 가진 사람에게 스트레스는 신체적, 정신적으로 여러 질병을 유발하거나 기존의 병을 키우는 데 위험 요소로 작용하고 있다. 연구에 의하면 스트레스가 관상동맥 장애와 고혈압을 유발하는 요인으로 작용한다고 밝혔다. 하지만 알맞은 스트레스는 신체의 정상적인 반응이다. 그러나 지나친 과로, 심한 경쟁, 압박, 혹은 몹시 피곤함 등 스트레스는 신체의 불안, 심신증(성격상 결함), 신체적인 불편함, 심리 질환, 불면증, 짜증, 섭식 장애(거식증, 폭식증) 등으로 몸이 상하게 된다.

미국인들은 연인이나 친구끼리 만나면 허그(hug)로 인사를 나눈다. 미국의 한 연구팀은 허그의 이로운 효과들을 밝혔다. 남편이 있는 20세부터 49세 사이의 여성 60명을 피험자로 선택했다. 허그를 받는 여성들과 그렇지 않은 여성들을 비교했다. 허그가 행복감을 고양시키는 옥시토신 분비를 촉진하고 심장박동 수와 혈압을 낮춘다는 사실을 알아냈다.

캐나다의 마크 타노폴스키 교수도 관련 논문을 내놓았다. 마사지의 항염 효과, 근육 회복과 재생에 미치는 효과 등을 널리 알렸다. 이를 마사지 치료 효과라고 부른다. 이로써 사람의 몸을 손으로 주무르는 치료

법의 효과는 매우 효력이 있다.

또 미소를 짓기로 한 집단이 그렇지 않은 집단에 비해 스트레스에 덜 민감하게 반응했고 심장박동 수도 떨어졌다. 억지로 미소를 지어도 스트레스가 완화되고 몸의 세포들에 이로운 효과를 미친다. 특히 심혈관계 질환은 스트레스와 밀접한 관계가 있다.

<생활건강100 주치의>

TSL치료운동

이 세상에서 가장 위대한 말이 뭘까? "사랑합니다"라고 한다.

일찍이 연세대 사회복지학과 김재엽 교수는 집단 실험으로 노인 남녀 대상으로 7주간 배우자에게 "사랑합니다." "미안합니다." "고맙습니다." 라는 말을 날마다 하도록 했다. 일명 TSL치료운동(Thank you-고마워요, Sorry-미안해요, Love-사랑해요)을 적용하였다.

실험 결과를 보면, TSL치료운동을 매일 습관적으로 실천하고 반복한 그룹은 스트레스 지수가 내렸고, 능력지수는 올랐으며, 우울증이 개선되고 심장박동이 안정되었다. 또한 암과 고혈압, 당뇨, 파킨스 등과 같은 질병의 위험이 낮아지고, 노화속도가 저하된다는 결과를 발표했다.

장수의 비밀 '텔로미어'

현대인에게 가장 많이 쓰이는 단어 중 하나가 '우울감'이다. 사실 우리는 모두 때때로 우울감을 느낀다. 그런데 이 우울감은 힘든 일이 있거나 생활이 단조롭고 무미건조하게 느껴질 때 엄습하기 쉽다. 일에 의욕이 없고, 뭘 해도 별로 흥미가 생기지 않는다. 매사가 귀찮고 막막하게 느껴진다. 이러한 우울감이 최소 15일 이상 지속될 때 우울증이라고 말할 수 있다. 그런데 우울감은 얼마든지 자기치유력으로 충분히 떨쳐낼 수 있다.

건강하게 오래 사는 비결이기도 하다. 행복하게 살아야 한다. 웃을 일이 많아야 한다. 실제로 행복하게 사는 사람들은 텔로미어(telomere)가 더 길다. 텔로미어는 '말단소립'이라는 염색체의 끝부분을 뜻한다. 이는 노화와 수명과 비례 관계가 있다. 텔로미어가 짧을수록 암, 알츠하이머, 심혈관계 질환의 발병률이 높아진다.

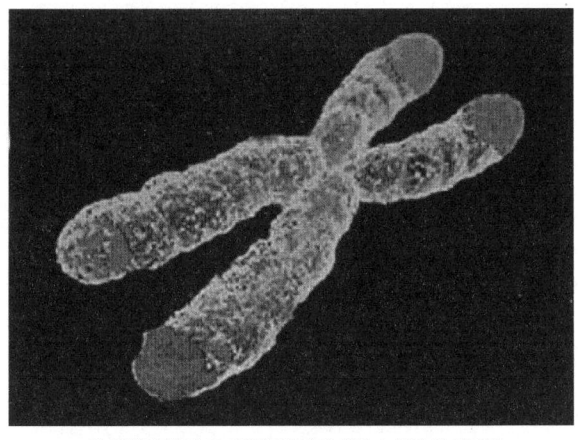

긴 염색체 끝에 모자처럼 붙어 염색체 손상을 막아준다.

텔로미어는 세포 분열 시 늙거나 손상된 세포가 다른 염색체와 결합하는 등의 문제를 일으키지 않기 위해 DNA를 보호하는 기능을 한다.

\<생활건강100 주치의\>

명상

규칙적으로 조용한 시간(명상)을 누리는 사람들이 혈압, 심장박동 수, 스트레스 지수, 우울감 등이 완화되고 면역 체계가 개선된다.

하루 20분씩 두 번 조용한 명상을 수행한다. 걷기를 누린다.

이는 학술 연구에서 스트레스 완화 효과가 있음을 밝혔다.

Chapter 14

나의 스트레스 진단하기
시원한 스트레스 처방전

자신의 스트레스 상태
점검하기

처방전

나의 스트레스 진단하기

스트레스 치료법 중에서 가장 좋은 것은 수시로 자신의 스트레스가 어떤지를 진단해보는 것이다. 다음의 설문을 통해 누구든 자신의 스트레스 상태를 점검할 수 있다.

PWI-SF 설문(사회심리적 스트레스)
출처: 단축형 PWI(SF-PWI)(장세진, 2000)

문항	매우 그렇다 (0점) (3)	대부분 그렇다 (1점) (2)	약간 그렇다 (2점) (1)	전혀 그렇지 않다 (3점) (0)
1. 현재 매우 편안하며 건강하다고 느낀다.				
2. 잠자고 난 후에도 개운한 감이 없다.(*)				
3. 매우 피곤하고 지쳐 있어 먹는 것조차도 힘들다고 느껴진다.(*)				
4. 근심 걱정 때문에 편안하게 잠을 자지 못한다.(*)				
5. 정신이 맑고 깨끗하다고 느낀다.				
6. 기력(원기)이 왕성함을 느낀다.				
7. 밤이면 심란해지거나 불안해진다.(*)				
8. 대다수의 사람들과 마찬가지로 나 자신을 잘 관리하고 있다고 생각한다.				
9. 전체적으로 현재 내가 하고 있는 일은 잘 되어가고 있다고 느낀다.				
10. 내가 행한 일의 방법이나 절차에 만족한다.				
11. 어떤 일에 바로 착수(시작)할 수 있다.				
12. 정상적인 일상생활을 즐길 수 있다.				
13. 안절부절못하거나 성질이 심술궂게 되어진다.(*)				
14. 나에게 닥친 문제를 해결해나갈 수 있다.				
15. 불행하고 우울함을 느낀다.(*)				
16. 나 자신에 대한 신뢰감이 없어지고 있다.(*)				

17. 모든 것을 고려해볼 때 행복감을 느낀다.				
18. 삶을 살아갈 만한 가치가 있다고 느낀다.				

합계

측정방법:

　PWI-SF의 점수는 척도를 이용하여 산정한다. '0-1-2-3'의 점수를 합산한다. (*)표시가
있는 문항은 점수를 '3-2-1-0'으로 바꾸어서 합산한다. 합산 최고 점수는 54점이고, 점수가
높을수록 스트레스 수준이 높음을 의미한다. 일반인 경우 27점 이상을 고위험군으로 본다.

스트레스로 인한 여러 증상들

	증상	체크
신체적	쉽게 피로를 느낀다.	
	귀에서 윙윙거리는 소리가 난다.	
	가슴이나 배가 자주 아프다.	
	손발이 차다.	
	잔병치레가 잦다.	
	불면증이 있어 잠을 깊게 못 잔다.	
행동적	안절부절 못한다.	
	흡연량이 증가한다.	
	울거나 욕설을 자주 내뱉는다.	
	때리는 행동이 증가한다.	
감정적	사소한 일에도 신경이 곤두선다.	
	인내심이 없다.	
	이유 없이 불안하다.	
	우울감이 오래간다.	
	쉽게 짜증이 나고 눈물이 잦다.	
정신적	집중력이 떨어진다.	
	삶이 기대도 없고 재미가 없다.	
	웃음이 없다.	
	꿈, 비전이 없다.	
	대인관계가 싫다.	
	죽고 싶다.	

(참고자료: 스트레스 치료법, 한광일, 삼호미디어)

스트레스 처방전

✚

스트레스란?

미국 국립보건원의 조사에 따르면 "근로자의 70%가 스트레스로 인해 정신적, 신체적 증상을 경험하고 있다"라고 한다.

오늘날과 같이 스트레스로 가득 찬 세상이 역사에 또 있었을까?

현대인들의 스트레스는 어느 때보다도 심각해져 있다. 스트레스 퇴치 권위자인 존 카밧 진은 불안한 인간관계에 대해 25년간 연구해왔다. 그는 매사추세츠의대 학회의 창립자이면서 약학과 교수다. 매일의 스트레스 대응으로 가장 기본적이면서 보편적인 치유를 '마음 힐링'이라고 말했다.

당신은 스트레스(stress)[1]를 받고 있는가?

---

1) 스트레스의 정의: 외부 환경에서 받는 물리적이고 심리적인 압력과 내부를 보호하려는 저항력 사이에 균형이 깨져 나타나는 신체적이고 정신적인 증상이다.(한스 셀리 학자)

오늘날 살아가고 있는 사람들은 매일 들이마시는 것이 바로 스트레스이다. 이는 공기처럼 눈에 보이지 않지만 우리의 정신과 육체를 서서히 좀먹어가며 결국에는 자신을 파괴하는 무서운 병으로 자란다. 그러므로 스트레스를 바로 알고 대체하여 극복하는 것이 스트레스를 이기는 것이다.

현대인들이 겪는 질병의 대부분의 스트레스로 인한 것이다. 스트레스를 받으면 신경조직에서 아드레날린이 분비되면서 혈압이 올라가고 동맥경화가 유발된다. 게다가 면역력이 떨어져서 감기, 불면증, 정신질환, 우울증, 당뇨병, 위장병, 관절염 같은 성인 질환이나 생리불순, 발기부전 같은 생식기 질환을 일으키기도 한다.

확실한 처방전

과도한 스트레스를 받을 경우 우리 몸에서는 단백질, 칼륨, 인 등의 배출이 증가하고 칼슘 저장 능력이 감소한다. 비타민C가 대량 소모됨으로써 이 영양소 역시 쉽게 부족해진다. 스트레스가 계속되면 저항 또는 적응 에너지가 고갈된다. 이 상태까지 오면 스트레스에 대한 저항력이 떨어져 신체적, 정신적인 병이 생긴다. 결국 심한 우울증으로 발전한다는 것이다.

일찍이 나는 스트레스 문제 해결을 인식하여 심신의 스트레스를 줄이는 방법을 찾아내어 실천하고 있다. 그 중에 하나가 일과 분리된 신나는 학습의 휴식을 취하는 것이다. 또 평소 시간마다 가벼운 스트레칭을 하고, 하루 한 번 일터 주변일지라도 산책을 한다. 기회가 주어지면 음악을 듣고 미술관을 방문한다. 그리고 한 주에 한 번은 인문학 학습을 즐기는 것이다. 독서는 매일 실천한다.

● 혼자 걷고 명상, 글쓰기, 음악듣기
● 성경의 처방 = 빌립보서 4장 6-7절[2]
● 스트레스 해소 방법 = 긍정적인 사고와 태도 그리고 자족하는 마음

과거에는 성인들만 걸리던 심장병, 고혈압, 당뇨병 등이 이제는 나이 불문하고 무차별적으로 발병하고 있다. 그래서 현대병이라 칭한다. 날이 갈수록 환자마다 자기 병은 스트레스 때문에 생겼다고 할 만큼 병의 원인을 스트레스라고 말한다. 그 스트레스를 소리 없는 살인자로 표현하기도 한다. 이러한 스트레스를 받았을 때 나오는 호르몬을 '아드레날린'이라고 한다.

일반적으로 스트레스를 받으면 아드레날린 호르몬이 증가하게 된다. 특히 폭언, 욕설과 잔소리 등 거친 말은 듣는 사람의 뇌를 망친다. 좌뇌와 우뇌를 연결해주는 뇌량과 감정과 기억을 담당하는 해마가 손상을 입게 된다. 결국 부정적인 언행은 스트레스로 반응되어 코르티솔

---

2) 아무 것도 염려하지 말고 다만 모든 일에 기도와 간구로, 너희 구할 것을 감사함으로 하나님께 아뢰라. 그리하면 모든 지각에 뛰어난 하나님의 평강이 그리스도 예수 안에서 너희 마음과 생각을 지키시리라.

(Cortisol) 호르몬이 과분비되어 뇌 성장을 가로막는다.

분노나 화내지 말라

그리고 스트레스로 인해 화병(분노)이 생긴다. 화병은 가슴에 맺힌 응어리를 풀기 위한 배출구를 찾지 못해 결국 우울증이나 여러 가지 증세가 가슴앓이 현상으로 나타나는 병이다. 하버드대학교의 건강보고서에 따르면 분노를 가슴에 차곡차곡 쌓아두는 것이 그 분노가 폭발하는 것보다 심혈관질환을 더 많이 유발한다고 한다.

우리 몸은 오랫동안 화(분노)를 품고 있으면 차쯤 이 감정이 몸을 갉아먹어서 병이 생기게 만든다. 혹시 몸이 여기저기 많이 아프다면 화, 분노, 비난, 죄책감, 두려움, 걱정 때문일 수 있다. 그 치유법으로는 용서하면 된다. 미움을 버리고 현재의 상황과 자신을 사랑하고 인정한다. 필히 자신을 비난하는 것을 멈춰야 한다.

그렇다. 화내지 않는 것이 최고의 치유법이다.

작은 기니피그(Guinea pig) 쥐에게 실험을 하였다. 격렬한 분노를 느낀 사람의 혈액을 주사했더니 2분이 채 안 되어 죽고 말았다. 그러니 사람의 분노와 공포, 비난, 좌절감과 스트레스 등과 같은 독소들은 기니피그 쥐만 죽이는 것이 아니라 사람에게도 독이 될 수 있다. 그리고 두려움과 분노, 억압된 감정과 기분은 건강에 영향을 미친다. 그러나 면역체계가 활동적이고 마음이 즐거운 사람의 몸에서는 엔도르핀 물질이 분비된다. 그러므로 건강한 삶을 위해서는 즐거운 마음과 긍정적인 감정을 유지하고 자신의 기분과 느낌을 솔직하게 드러낸다.

지혜의 왕 솔로몬은 말한다.

우리의 몸을 치유하고 스트레스를 예방하는 최선책은 마음의 즐거움이다(잠언 17:22 마음의 즐거움은 양약이라도 심령의 근심은 뼈를 마르게 하느니라). 매일 복용하되 자주 많이 즐거움을 먹는다.

**프랑스 의사들이 가장 많이 권하는
약품 가운데 하나는 바로 '웃음'이다.**

_ 프랑스 보건전문지 <상떼>

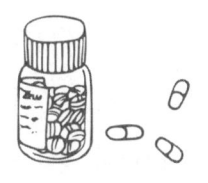

스트레스 줄이는 방법들

✚

성공 철학의 아버지로 불리는 나폴레온 힐(Napoleon Hill)의 책 <생각하라, 그러면 부자가 되리라>에서 '인간은 자신이 상상했던 그대로의 인간이 된다'라고 하였다.

혹 '더 나이 들어 보인다.' 또는 '나이보다 훨씬 더 젊어 보인다.' 당신은 어떤 말을 더 많이 듣는가? 스스로 답해 보라. 나이보다 훨씬 더 젊어 보이는가 아니면 실제 나이보다 더 나이 들어 보이는가?

젊음과 아름다움은 스스로 만들어가는 것이다. 만약 심한 스트레스가 쌓이면 행복 물질인 세로토닌이 분비되지 않는다. 분노, 부정, 근심, 갈등, 슬픔, 두려움, 욕 등은 노화를 촉진한다. 그래서 마더 테레사 수녀는 "웃는 시간을 가지라, 그것은 영혼의 음악이다"라고 말했다. 얼마나 자주 호탕하게 웃는 시간을 갖고 보내느냐에 따라 여러분의 젊음과 아름다움이 결정된다.

대뇌의 해마(Hippocampus)는 우리의 생각과 말로(긍정, 미래, 꿈, 희망, 감사, 칭찬, 기쁨, 사랑 등) 실천할 때 더욱 활성화된다. 해마는 본능적인 행동과 정서 감정을 주재하는 변연계의 중심부에 놓여있다. 뇌의 다른 부위로 신호를 전달하고 학습과 기억을 관여한다. 또한 감정 행동과 운동을 조절한다.

결국 해마가 활발하게 움직이면 나이보다 훨씬 더 젊어 보이게 된다. 피부도 투명하게 빛난다. 만족과 기쁨을 주고 기분을 상쾌하게 만드는 강력한 여러 천연물질(도파민, 옥시토신, 페닐에틸아민)을 분비하게 된다. 이 호르몬 물질은 인간을 장수하게 하고 행복하게 해주는 근본적 요인이다. 일체의 비용이 들어가지 않으며 부작용도 없다. 이는 신이 내려준 신묘한 선물이기 때문이다.

스트레스를 줄이기

미국에서 한 연구팀이 10년간 100세 이상 노인들을 추적하여 연구한 결과 세 가지 장수 비결을 밝혀냈다. (1) 긍정적인 사고, (2) 신앙심 그리고 (3) 봉사정신이었다. 한마디로 스트레스를 받지 않는 삶을 누렸다.

스트레스라는 말은 라틴어 'stringere 팽팽하게 죄다, 긴장'에서 기원했다. 스트레스라는 말을 의학 용어에 적용시킨 사람은 캐나다의 내분비학자 한스 셀리(Hans Selye)다.

흔히 스트레스는 성인에게만 생긴다고 생각하지만 실제로는 그렇지 않다. 스트레스는 나이를 불문하고 생긴다. 오히려 유아기부터 스트레스를 많이 받고 자란 사람은 성인이 되어 육체적, 정신적 장애를 겪을 확률이 높다는 사실이 밝혀졌다. 그리고 한 연구에 따르면 스트레스를 많이 받는 어린아이의 경우 평소에 주의력 결핍 및 과잉행동장애를 일으키는 경향이 높다고 보고 됐다.

미국 코넬대 피터 너대니얼스 교수의 <태교 혁명>이라는 책을 보면 이 같은 논리가 얼마나 설득력이 있는지를 알 수 있다. 예컨대 임신한 여성이 스트레스를 많이 받아 스트레스 호르몬인 코르티솔이 과다 분비되면 태아 역시 그 영향 아래 놓이게 된다. 결국 스트레스를 많이 받았던 엄마에게서 태어난 아이들이 후에 과잉행동장애, 불안장애를 겪는 확률이 높았다는 연구가 나와 있다.

스트레스 처방전 다음은 스트레스를 줄이는 방법들이다. 먼저 절대 긍정의 사고와 태도로 스트레스를 털어버릴 수 있다. 그리고 웃음, 칭찬, 감사, 인정 등 정서들로도 스트레스를 해소시킬 수 있다. 수시로 절대 긍정의 희망을 갖고 의지를 입술로 선포한다. 어떤 상황과 처지에 있다할지라도 불가능을 바라보지 않는다.

- 많이 웃는다.
- 감사의 생활을 한다.
- 걷기, 명상, 음악을 듣는다.

스트레스를 받았을 때 취해야 할 10가지 지침

1. 사랑을 하며 즐겁게 살라.

2. 일주일에 3-4번은 땀 흘리며 운동을 한다.

3. 카페인의 섭취를 피해라.

4. 신선한 채소와 과일을 많이 먹어라.

5. 시간을 내어 사색한다(독서, 영화, 미술).

6. 충분한 수면을 취하라.

7. 많이 미소 짓고 웃으라.

8. 항상 긍정적으로 생각하고 격려하라.

9. 생활을 단순하게 하라.

10. 인문학적 삶을 살고 긍정적 기대감을 가져라.

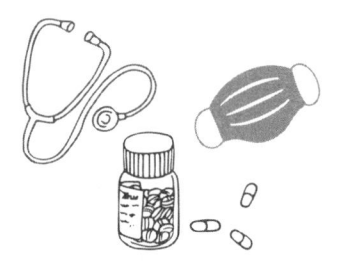

Chapter

예고 없이 찾아오는,
우울증이 뭘까?

나는

소중한 존재이고

가치있는 사람이다.

심리적 감기

✚

참 행복이란?

21세기는 100세를 넘어서는 웰빙의 시대다.

사람은 누구나 행복을 갈망하며 행복한 삶을 누리기 원한다. 그런데 우울증이 보편화되면서 자살하는 사람이 날로 증가하고 있다. 안타깝게도 한국은 여전히 OECD 국가 중 자살률이 상위에 있다.

우울증을 한마디로 '울적한 기분', '의기소침', '활기 없음', '부정적 기분' 등으로 표현할 수도 있다. 우울증은 감정과 신체 증상들로 나타날 수 있는데, 절망감, 무력감으로 나타나기도 한다. 그런데 우울증은 갑자기 예고 없이 찾아오기도 한다. 모든 사람들은 우울증에 걸릴 가능성에 대해 예외가 될 수 없다. 우울증은 우리 모든 사람을 괴롭히고 결국은 죽음이나 파멸로 몰아가는 것이 특징이다. 나이나 남녀구분 없이 직위

고하를 막론하고 누구에게나 걸릴 수 있는 질병이다.

우리는 종종 자신도 모르게 타인의 삶을 부러워하며 살아간다. 미국의 배우 마릴린 먼로. 아름다운 금발의 매력으로 세계적인 섹시 심벌로 인기를 얻었으나 우울증과 약물중독 등의 불행한 사생활을 지내다 자살하였다. 또 '헤밍웨이처럼 모험으로 가득 찬 삶을 살수 있다면...,' 그러나 노벨상 수상작가였던 어니스트 헤밍웨이도 자살로 생을 마감했다. 한국의 마릴린 먼로처럼 예쁘고 대중적인 인기와 부를 누렸던 최진실 배우도 39세에 우울증의 원인이 되어 자살하였다.

이처럼 희망의 상실로 우울감이 오는 것이다.

그래서 당신이 우울하고 싶지 않다면 어려운 환경을 처했을 때 희망을 유지하는 것이 가장 필요하다. 오스트리아의 정신과 의사인 빅터 프랭크(victor frankl) 박사는 희망을 잃은 수감자는 그리 오래 살지 못한다는 사실을 발견했다.

행복한 사람은 우울증에 걸리지 않는다. 그러므로 우울증은 자신의 자아상(self-image)과 자존감(자아존중감)에 문제가 있을 때 대인관계에 영향을 미친다. 그래서 자존감이 높은 사람 즉 자신을 사랑하는 사람이다. 자신이 처해 있는 상황을 변화시킬 수 있다는 믿음을 가진 사람이다.

세상은 점점 더 우울감, 불안감, 절망감, 무력감 등 더해가고 있다. 그렇다보니 행복해야 할 삶이 지속적인 우울감과 자살률은 증가하고 있는 추세다. 남녀노소를 막론하고 자존감은 점점 떨어지고 있다. 또한 사회는 우울감이 점점 심각한 문제로 대두되고 있지만, 무엇이 행복한 삶의 조건인지 그 대안과 치료 방법을 찾아보지 아니하고 약물에만 의존하려고 한다. 그러한 사회적 현상을 보다가 필자는 약물요법을 대체하고 예방적 차원의 우울증 치유와 예방 연구를 하게 되었다.

결론부터 밝히면, 박사 연구논문에서 우울증을 앓고 있는 실험집단의 모든 참석자들이 내적 문제를 치유하는 다양한 도구들을 통해 우울증 정도가 감소되었고 정서적으로 안정을 얻었다는 결과를 확인했다.

"우울증은
치유와 예방이 가능하다"

-정병태 박사

우울증에 관한 기본 이해

회피성 인격 장애

오늘날의 많은 사람들이 여러 가지 스트레스로 고통스러워하고 있다. 그 우울증의 증세로는 대인관계 기피와 고립, 분노와 기분저하, 크게는 생명을 포기하는 자살에 이르게까지 할 정도로 위험하다. 우울증은 단순히 심리적 원인뿐만 아니라 호르몬의 부재에 따른 증상이 동반되어 나타나기도 하는데, 이 경우 고통이 더욱 가중되어 나타난다. 사람들에게 우울증의 요인을 만들 수 있는 경험, 특히 생의 초기경험(슬픔, 상실, 불안)은 우울증의 원인으로 크게 영향을 미칠 수 있다.

우울증의 요인으로는 크게 유전적, 생물학적 그리고 환경적인 요인이 우울증에 빠질 가능성이 높다. 그 중에서도 심리적인(환경적인) 요인으로는 자존감이 낮은 사람들이 쉽게 우울증에 빠진다. 인간관계에 있어 지나치게 의존적인 사람과 성격적 결함을 가진 사람이 우울증에 빠질 가능성이 높다. '회피성 인격 장애'는 타인과 친숙하지 않은 상황을 피해버리는 성격이다. 이런 미숙한 대인관계가 우울증의 원인이 된다. 그런데 놀라운 연구 결과는 긍정적인 방향으로 바꾸는데 도움을 주는, 즉 '멘토'가 없는 인간관계에서 우울증이 더 발생한다.

이들의 우울증에 대한 적극적인 예방과 치료에 대한 대책이 필요하였기에 연구하게 되었다.

우울증에 관한 정의

우울증 환자가 자신의 우울증을 인식하기란 매우 힘들다. 따라서 누군가의 도움을 필요로 하는 경우가 많다. 우울증이라는 것조차 인지하지 못하는 것이 우울증의 본질이다. 그래서 우울증을 딱 한마디로 정의하기는 매우 어렵다.

우울증의 증상은 육체, 정신, 영혼을 모두 아우르는 전 인간이 어떤 영향을 받고 있음을 나타내기 때문에 우울증의 원인과 치료법을 결정하는 것은 어려운 과정이다. 심지어 몸의 질병 때문에 감정까지 고통을 받는 사람들도 많이 있다. 일반적으로 육체의 질병보다는 정신의 질병에 대한 사회의 편견이 더 심하기 때문에 우울증에 대한 육체적인 원인과 치료법이 어렵다. 결국 우울증은 전인격에 영향을 미치므로 완전한 치료를 위해서는 총체적인 해답이 필요하다.[1]

5세기 의과대학 치료사 '켈리우스 아우렐리아누스'에 의하면 우울증이 가까이 다가오는 징조는 번민, 고뇌, 낙담, 침묵, 원한 등 또 죽음에 대한 동경이 일어나는 것, 누군가 나를 음해한다는 의심 등 이라고 하였다.[2]

상실과 낙심 그리고 영적인 패배 등 이들의 상태에 대한 진단은 모두 우울증이다. 그래서 우울증은 영혼을 짓누르는 마음의 통증이다. 그러

1) 닐 앤더슨, 조앤 앤더슨, "우울증을 극복하기 위한 내가 누구인지 이제 알았습니다.", 정석영 역, (서울: 죠인선교회, 2006), p.21.
2) 닐 앤더슨, 조앤 앤더슨, "우울증을 극복하기 위한 내가 누구인지 이제 알았습니다.", 정석영 역, (서울: 죠인선교회, 2006), p, 27.

나 우울증은 예방과 치료가 가능하다.

우울증은 연령, 성별, 사회나 경제적 지위와 상관없이 모든 사람의 삶에 슬그머니 침투한다. 우울증은 복잡하기는 하지만 보통은 육체와 감정, 영혼의 어려움이다. 우울증은 너무 흔해서 '심리적 감기'라고 불릴 정도다. 많은 이들이 살아가면서 최소한 한 번은 심각한 우울증에 빠지며 건강악화나 부정적인 주변 환경, 혹은 영적인 연약함 등으로 누구나 우울증의 일부 증상을 경험한다.[3] 그래서 우울증을 쉽게 정의를 내리기 어렵다. 왜냐하면 우울증은 매우 복잡하고 파악하기 어려운 감정이기 때문이다.

사전을 살펴보면 '우울증(depression)'이라는 단어는 '내리누름(to press down)'이라는 원어를 담고 있다.[4] '우울하다'라는 동사는 (1)정신을 꺾어내다, 기를 죽이다, 낙담시키다, 슬프게 만들다 (2)가치를 낮추다 (3)활동성과 적극성을 저하시키다 (4)더욱 저급한 위치로 밀어 넣는다. 라는 의미를 가지고 있다.

에이브러햄 링컨은 "나는 지금 살고 있는 사람 중에서 가장 비참한 사람이다. 내가 겪고 있는 감정을 인류가 똑같이 공유한다면 이 땅에 기쁜 얼굴을 가진 사람은 아무도 없을 것이다"라고 말했다.[5] 에이브러햄

3) 닐 앤더슨, 조앤 앤더슨, "우울증을 극복하기 위한 내가 누구인지 이제 알았습니다.", 정석영 역, (서울: 죠인선교회, 2006), p, 29.

4) Webster's Third New International Dictionary Vol. Ⅲ, Chicago: Merriam-Webster Inc., 1984, 364.

5) Michael Burlingame, The Inner World of Abraham Lincoln(Urbana, IL:University of Illinois Press, 1994), n.p.

링컨의 친구들은 "링컨은 슬퍼 보이는 사람이었다. 그가 걸어가는 모습에는 우수가 흘러 넘쳤다"라고 말했다.[6]

제2차 세계대전 당시 영국의 수상이었던 윈스턴 처칠은 재발하는 자신의 우울증을 '검은 개'라고 불렀다. 한 전기 작가는 이렇게 썼다. "그는 검은 개라는 이름에 걸맞은 적의 횡포에 시달렸다. 이 폭군은 그를 사로잡아 완전히 파멸로 몰아넣기도 하고 기분을 들뜨게도 했다."[7] 그러므로 우울증이란 우리의 삶에서 상실할 때 발생하는 자연스러운 결과다.

정신 분석학적 정의에서 우울증은 일종의 분노[8]가 자기 속으로, 즉 내부로 향한 형태라고 생각한다고 말했다.[9] 더 나아가 심각한 우울증은 고혈압, 위궤양, 각종 신경성 질환과 같은 각종 심인성 질환으로 나타난다.[10] 우울증은 몸이 보통 서서히 쇠약해지는 과정을 수반하는 우울함

6) 위의 책, p.40.

7) 위의 책, p.100.

8) 분노는 일반적으로 강한 적개심이나 의분의 감정으로 정의된다. 심수명, "인격치료" (서울: 학지사, 2006), 186. 즉 자기 존재가 수용되지 않는다고 느껴질 때 일어나는 감정으로 모욕, 멸시, 좌절감, 가상적인 위협이나 실제적인 위협, 부당한 처사로 인한 강렬한 불쾌감 때문에 생기는 흥분된 감정의 상태이다. 심수명, "상처입은 영혼을 위하여" (서울: 교회성장연구소, 2002), 109-110.
분노를 크게 분개와 노함으로 나누어 설명할 수 있다. 분개는 부당하다는 뜻이며, 노함은 감정적 공격적 발현이다. 그리고 분노(忿怒)라는 한자에는 여러 갈래로 마음이 나뉘어 걷잡을 수 없는 행동이라는 뜻이 담겨져 있다.(권혜진, "청소년 분노현상의 근거 이론적 접근" (박사학위논문: 이화여자대학교 대학원, 1994), 8.) 결국 분노란 신체적 불만, 좌절 혹은 자존감 상실로 인하여 분노표적에 관한 사고 혹은 신념과 혈압상승 및 심장박동수의 증가 등 생리학적인 변화를 수반하고, 운동적 혹은 언어적으로 표현될 수 있는, 미미한 짜증으로부터 극단적인 격노까지의 비교적 강한 강도를 지니는 불쾌한 내적 경험 상태라고 정의 할 수 있다.

9) C. W. Brister, "현대인의 절망과 희망", 오성춘 역(서울:홍성사, 1988), p.248.

10) 아치볼드 하트, "우울증 이렇게 치유할 수 있다.", 정동섭 역(서울:요단출판사, 2000), p.17.

과 슬픔의 감정이다. 그것은 정신으로만 느끼는 것이 아니라, 몸 전체를 통해 경험되는 것이다.

우울증의 증상

대부분의 우울증은 공연히 슬퍼지고, 조금만 움직여도 심하게 피곤해지고, 유머감각을 상실하며, 여느 때 같으면 흥분해서 좋아할 만한 일인데도 그런 일은 하고 싶어지지도 않는 상태를 말한다. 또한 두통, 만성통증, 소화기 장애, 월경 불순 따위의 다양한 신체 증상들을 보이기도 한다. 우울증을 경험하는 사람들은 이러한 증상들로 인해 심각한 고통을 당하며 사회적, 직업적, 기능에 손상을 입어서 주부, 학생, 직장인 등으로서 맡은 바 역할을 제대로 수행할 수 없게 된다.

우울증은 나이에 따라서도 다른 양상을 보인다. 우울증이 있는 어린이들은 우울하다는 표현을 하기보다 어머니와 분리하지 않으려 하고, 등교 거부, 과잉행동, 성적 도취, 무단결석, 가출, 게임 중독, 본드나 부탄가스 흡입 등 청소년기의 비행들도 우울증의 한 변형일 수 있다. 또한 노인한테는 기억력이 감퇴하는 치매와 비슷한 양상이 보이므로 노년기의 우울증을 가성치매라고도 한다.[11] 또한 우울증은 기분과 감정의 상태가 동요하고 혼란스러워지는 것이다. 슬픔이나 괴로움, 어둠이나 공허가 지속되는 것이 우울증의 특징이다. 우울한 감정 상태에서 보통 희망이 없

---

11) 대한약사협회, "우울증이란 어떤 것인가", (월간약국), (1996, 10)

다는 생각이나 때로는 자살을 생각하게 된다. 우울한 사람들은 삶이란 불행이며 앞으로 개선의 가능성도 전혀 없다고 믿는다. 그들은 그들 자신과 미래, 그리고 그들을 둘러싼 주변 환경에 대해 부정적이고 비관적인 생각을 갖고 있다.

여성에게는 출산 후 4주 이내에 우울증이 발생하는 경우 이는 산후 우울증이라고 한다. 월경 중에도 우울증과 심한 감정 변동이 나타나는 경우 이는 월경 전 불쾌 기분장애라고 하는데 흥미감퇴, 주의집중장애, 식사습관 변화, 수면장애, 두통, 유방통, 부종 등을 동반한다. 또한 우울증은 자살을 생각하게도 한다. 이러한 생각이 심각해짐에 따라 자살에 대한 생각은 자살에 대한 갈망으로 바뀔 수 있다. 다른 어떤 정신질환도 우울증만큼 철저히 의도적으로 준비하여 이와 같은 죽음의 비극을 초래하는 경우는 거의 없다.[12]

우리나라에서는 병원에 찾아오는 신경증 환자의 50% 이상이 우울증 환자이다.[13] 이런 우울증은 가장 흔한 정신질환이며 일생을 통하여 누구나 한번 이상 우울감을 경험하게 될 가능성이 있다.[14] 다른 형태의 정신 병리와는 달리 우울증은 사람을 죽음에 이르게 할 수도 있다. 그래서 우울증 치료는 결과가 아니라 원인에 초점을 맞춰야 한다. 치료의 목적은 질병을 낫게 하는 것이지 질병의 고통을 줄이는 것이 아니기 때문이다.

---

12) Martin E. Seligman, Helplessness: On Depression Development and Death, "무기력의 심리", 윤진, 조긍호역, (서울: 대왕사, 1987), 125.

13) 이현주, "이상행동의 심리학", (서울: 대왕사, 1978), 114.

14) 배정이, "우울증 환자의 우울 경험 연구", (정신간호학회지) 12권 (2003, 3): 36.

<생활건강100 주치의>

우울증의 증상들 확인해 보기

☐ 잠이 들기 어렵거나 자꾸 새벽에 깬다.

☐ 지나치게 잠을 많이 잔다.

☐ 밥맛이 떨어지고 소화가 되지 않아 식사를 못하여 체중이 줄어들기도 하며, 반면에 과도하게 먹어대기만 하는 경우도 있다.

☐ 마음이 불안하거나 자주 초조해지며 피곤함과 노곤함을 쉽게 보인다.

☐ 일상생활이나 성생활에 대한 흥미나 관심이 눈에 띄게 줄어든다.

☐ 심리적으로는 절망감, 무기력감, 죄책감, 무가치감 등을 경험하게 된다.

☐ 집중력과 기억력이 떨어져서 건망증이 심해진다.

☐ 인지기능의 감소를 일으켜서 사고과정이 느려져 하루종이 멍하게 지낼 수도 있다. 스스로 자살하고 싶다는 충동에 휩싸이기도 한다.

☐ 심한 우울증의 경우는 환각이나 망상 등의 정신병적 증상이 나타나기도 한다.[15]

---

15) 이민수, "마음의 감기 치료법 우울증", (서울:가림출판사, 2005), 20.

우울증 자가진단 판별

다음은 우울증 자가진단 판별 체크 리스트이다. 아래의 30문항 중 19개 이상의 항목에 해당할 경우 우울증으로 진단할 수 있다.

우울증 자가진단 판별 체크

번호	항 목	셀프 체크
1	쓸데없는 생각들이 자꾸 떠올라 괴롭다.	
2	아무것도 할 수 없을 것처럼 무기력하게 느껴진다.	
3	안절부절 못하고 초조할 때가 자주 있다.	
4	밖에 나가기보다는 주로 집에 있으려 한다.	
5	앞날에 대해 걱정할 때가 많다.	
6	지금 내가 살아있다는 것이 참 기쁘다.	
7	인생은 즐거운 것이다.	
8	아침에 기분 좋게 일어난다.	
9	예전처럼 정신이 맑다.	
10	건강에 대해서 걱정하는 일이 별로 없다.	
11	내 판단력은 여전히 좋다.	
12	내 또래의 다른 사람들 못지 않게 건강하다.	
13	사람들과 잘 어울린다.	
14	정말 자신이 없다.	
15	즐겁고 행복하다.	
16	내 기억력은 괜찮은 것 같다.	
17	미쳐버리지나 않을까 걱정 된다.	
18	별일 없이 얼굴이 화끈거리고 진땀이 날 때가 있다.	
19	농담을 들어도 재미가 없다.	
20	예전에 좋아하던 일들을 여전히 즐긴다.	

21	기분이 좋은 편이다.	
22	앞날에 대해 희망적으로 느낀다.	
23	사람들이 나를 싫어한다고 느낀다.	
24	나의 잘못에 대하여 항상 나 자신을 탓한다.	
25	전보다 화가 나고 짜증이 날 때가 많다.	
26	전보다 내 모습(용모)가 추해졌다고 생각 한다.	
27	어떤 일을 시작하려면 예전보다 힘이 많이 든다.	
28	무슨 일을 하든지 곧 피곤해진다.	
29	요즈음 몸무게가 많이 줄었다.	
30	이성에 대해 여전히 관심이 있다.	

<자료참조: 신경정신과의원>

자신의 결과 보기

- 14-18개   :   <   >
- 19-21개   :   <   >
- 22개 이상 :   <   >

14-18개 : 가벼운 우울감
일상생활 속에서 가벼운 우울감을 느끼는 정도, 친구와 대화를 하거나 운동을 통해 기분전환을 시도해보는 것이 좋다.

19-21개: 중증 우울증
병원을 찾아 전문가와 상담을 해보는 것이 좋다. 의사의 처방에 따라 약물치료를 병행하기도 한다.

22개 이상 : 매우 심각
전문의의 상담과 약물치료가 시급하며 주위의 도움 받아 안정을 취한다. 경우에 따라 직장을 잠시간 쉬고 집중한다.

우울증의 진단 판정

여기 제시한 질문들은 우울증의 여부를 판단하기 위해 사용할 수도 있고 상태가 심각한지 혹은 경미한지를 판정하는 데 사용할 수도 있다. 자기 자신이나 타인의 상태를 가장 잘 설명해 주는 번호에 표시한다. 예를 들어 첫 번째 질문에 대해서는 항상 지쳐 있다면 1번에, 기운이 많은 사람은 5번에, 높거나 낮지도 않은 보통이라면 3번에 표시하면 된다.

평가기준[16]

1	무기력하다.	1 2 3 4 5	활력이 넘친다.
2	불면증이거나 과다 수면증이다.	1 2 3 4 5	잠을 잘 잔다.
3	활동에 참여하고픈 의욕이 없다.	1 2 3 4 5	활동에 적극 참여한다.
4	성적 욕구가 없다.	1 2 3 4 5	건강한 성적 욕구가 있다.
5	여기저기가 쑤시고 아프다.	1 2 3 4 5	몸이 아주 좋다.
6	식욕이 없다.	1 2 3 4 5	식사를 즐긴다.
7	슬프고 눈물이 난다.	1 2 3 4 5	즐겁다.
8	절망적이고 희망이 없다.	1 2 3 4 5	희망적이고 자신이 있다.
9	과민하거나 불만을 못 참는다.	1 2 3 4 5	유쾌하고 불만을 잘 참는다.
10	인간관계가 위축되어 있다.	1 2 3 4 5	인간관계가 원만하다.
11	정신적으로 괴롭다.	1 2 3 4 5	마음이 평화롭다.
12	자존감이 낮다.	1 2 3 4 5	자곤감이 높다.

---

16) 닐 앤더슨, 조앤 앤더슨, "우울증을 극복하기 위한 내가 누구인지 이제 알았습니다.", 정석영 역, (서울: 죠인선교회, 2006), p.p, 38-40.

13	대부분의 환경을 부정적이고 해로운 것으로 여긴다.	1 2 3 4 5	대부분의 환경을 긍정적이고 성장할 기회로 여긴다.
14	미래에 대해 비관한다.	1 2 3 4 5	미래에 대해 낙관한다.
15	자기 파괴적이다.("내가 여기 없는 것이 나나 다른 사람들에게 모두 좋을 텐데."	1 2 3 4 5	자기 보호적이다. ("내가 여기 있다는 게 기뻐.")

진단 결과 설명(진단은 개인에 따라 다를 수 있다.)

각 항목에 표시한 숫자를 모두 더한 총 점수 : _____

총 점수가

45-75 점이라면, 우울증이 아닐 가능성이 높다.

35-44 점이라면, 경미한 우울증이다.

25-34 점이라면, 우울증이다.

15-24 점이라면, 심각한 우울증이다.

우울한 정도에 따라 경미한 상태에서 심각한 상태까지 단계가 나누어져 있다. 경미한 우울증은 삶의 기복에 따라 누구나 경험할 수 있다. 이러한 감정의 동요는 일반적으로 건강 상태나 정신적 태도, 또는 복잡한 세상에 살면서 받게 되는 외부의 압박과 관련이 있다.

그러나 정서적으로 건강한 사람들은 스스로 극복할 수 있으며 얼마든지 믿음으로 혼자서 우울증을 이겨낼 수 있다.

우울증 치료 방법에 관하여

우울증 치료 방법에는 여러 가지가 있으나 이를 테면 프로이트의 정신분석 치료, 대인관계 치료, 행동수정 치료, 약물치료, 전기충격 치료, 언어치료 그리고 아론 백(Beck)의 인지치료 등이 있다.

인지치료

인지치료가 우울증 환자들의 절망에 직접적으로 접근해서 긍정적인 결과를 얻었다는 사실은 우울증의 치료에서 인지요법의 심리치료적 가치를 말해 주는 것이며, 이 치료가 약물치료보다 더 장기적인 "항자살 효과"가 있음을 시사해 주는 것이다.[17]

이와 같이 인지치료는 우울을 경험하는 많은 환자들에게 심리적 치유방법으로서 그 효과를 인정받고 있다. 때로는 심리적 우울을 경험하는 우울증 외의 경우에도 약물치료와 함께 그들의 심리적 우울의 치유 방법으로서 임상적으로 병행하여 사용되고 있다. 이는 인지치료가 주장하는 바와 같이 우울증의 근원적인 뿌리가 인간 사고의 비합리적인 사고를 인지하고 이를 합리적인 반응으로 교정하는 방법으로서 고안된 인지치료 방법으로 활용되고 있다.

---

17) Aaron T. Beck, et al., Cognitive Therapy of Depression(New York : The Guilford Press, 1979), pp. 3-5.

전기충격치료

전기 충격치료(ECT)는 머리에 일정한 전압의 전류를 연결하여 의도적으로 경련을 일으키는 방법으로, 특정한 종류의 우울증에 효과적이라는 것이 밝혀졌다.

임상경험에 있어서 약물요법으로서 35%의 치유가 가능한데 비해 전기 충격요법으로서의 치료는 70-80%의 치료효과를 나타난다. 신경증적 우울 반응이나 신경증적 우울증의 경우는 전기 충격요법이 약물 요법과 비슷하나 아주 심한 경우를 제외하면 전기 충격 요법치료가 훨씬 짧은 시간 내에 치료할 수 있다고 주장한다.[18]

카 메르는 이 전기 충격요법에 대해 이 방법이 가장 안전하다고 보고 있다. 특이 어떤 우발적인 사건이 일어날 것을 예견할 수 있는 경우 이 방법을 사용하면 더욱 효과적이라고 주장한다.[19]

약물 요법

약물요법은 기원전 2000여 전에 히포크라테스가 정신으로 병든 사람들에게 헬리보(Helebore: 미나리아제비과의 식물)를 쓰던 때로 거슬러 올라간다. 의학서적을 보면 그 시대의 사람들은 아편제(Opiates)나 약초 등

18) Leonard Cammer, Up form Depression(New York : Simon and Schuster, 1971), 152.
19) Gerald C. Davison & John M.neale, 이태건 역, "이상심리학" (서울: 성원사, 1995), 4th, ed, 213.

식용식물들을 진정제로 사용하기도 했다. 흥미 있는 사실들은 원시시대의 의사들이 코코아 잎이나 선인장의 뿌리, 양귀비 씨 등을 환각증 불안, 우울 등에서 오는 고통, 혼수상태 등을 진정하는데 사용했다는 점이다.[20]

오스토우는 약물요법에 대해서 지난 20년 동안 우리는 우울증을 치료 할 수 있는 새로운 무기로써 항우울제(Anti-depressant)를 만들어 냈다. 이 약은 환자의 치료에 있어서 심리과정에 대한 것이 아니고 단지 정신적인 에너지 고갈을 막는 것이다. 항우울제는 정신적인 에너지를 주는 것으로 이 약을 먹으면 자기애적대상(anaclitic object)에 대한 두 가지 모순되는 감정이 생기지만 우울증은 없어지고, 에너지 고갈이나 결핍은 제거될 수 있다고 한다.

항우울제는 다음과 같은 두 가지를 기본으로 하여 선택한다.

첫째는 과거의 반응이다. 둘째는 부작용이다. 항우울제는 다른 비 약물요법과 병용해서 실시하기도 하는데, 이러한 병용 요법은 보통 상승적으로 작용한다. 항우울제에 대한 반응은 금방 나타나지 않고 며칠이나 몇 주간 지난 후에 나타나지만, 이에 비해 부작용은 보통 치료 시작 후에 곧바로 나타난다. 치료 기간은 몇 달에 몇 년 걸리는 경우도 있다.[21]

---

20) Tim Lahye, 김연 역, "우울증의 원인과 치료", (서울: 보이스사, 1996), 81.
21) 김예식, "생각 바꾸기를 통한 우울증 치료", 115.

자가 언어치료법

언어치료법 연구를 위해 많은 사람들을 가르치고, 우울증 환자들을 대상으로 언어 치료사역 훈련을 실시했다. 그리고 통제집단의 매 훈련 시간마다 언어 치료사역 훈련을 적용해 보았다. 결과적으로 좋은 반응과 효과가 나타났다.

최근 신경의학계[22]에선 뇌 속의 언어중추신경이 모든 신경계를 지배하고 있다는 것을 발견하고 이것을 정설로 받아들이고 있다. 그래서 이것을 치료에 적용하는 자가 언어치료법(Word Therapy)이 생겨났다. 그리고 많은 곳에서 다양하게 적용되어지고 있다는 사실이다.

이 자가 언어치료법(Word Therapy)은 환자로 하여금 하루 2~3차례 일정시간(10~15분) 언어치료법을 시행하는 것으로, 만약 당뇨병 환자라면 "나의 혈당치는 정상이 되고 있다!"라는 긍정적 생각을 갖고는 반복하여 10-15분 정도 말하는 것이다.[23] 즉 몸의 아픈 곳에 초점을 맞추는 것이 아니라 건강에 초점을 맞추는 마음가짐이다. 그래서 미국 위스콘신 주의 한 병원에서는 암 말기 환자에게 언어치료법을 적용했는데, 3주 후 진통이 말끔히 사라졌고, 암은 흔적도 없이 깨끗이 사라졌다는 임상보고가 나왔다고 한다.

22) 독일의 뇌학자인 에코노모(Economo, 1876-1931) 박사가 연구 발표한 논문에 의하면 호두처럼 주름이 잡혀 있는 인간의 뇌는 그 두께가 약 3mm 정도 되는데, 이것을 펼치면 신문지 한 장 정도 된다고 한다. 그리고 그 안에는 무려 136억 5천 300만 개라는 어마어마한 신경세포들이 들어 있다고 한다.(조용기, 믿음의 에네지를 활용하라. (출판사: 서울출판사)

23) 차동엽, "백배의 열매를 맺으리" (출판사: 에우안젤리온, 2007), p.18.

동양의 감정 치료법이 자연적일뿐만 아니라 효과도 매우 뛰어나다는 것이 의학계에서도 인정하고 검증된 사실이다. 특히 인간의 뇌와 정신에 이미 존재하고 있는 자기치유력을 최대한 활용하고 있다. 이 사실은 세계적으로 권위 있는 의학회지에도 여러 차례 소개되었다.[24]

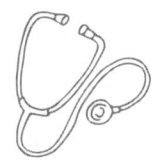

24) 다비드 세르방-슈레베르, 치유, 역:정미애, (출판사: 문학세계사, 2004.5.20), p,16.

자살위험 환자의 우울증 치료

자살위험의 평가

자살소망은 우울증 환자에게 널리 퍼져 있다. 또한 잠재적으로 치명적인 문제이므로 치료자는 왜 환자가 이런 극단적인 행동을 고려하는지를 이해하는 것이 중요하다. 그렇게 이해하면 치료자는 자살문제를 다루는 적절하고도 효과적인 기법을 선택하는 유리한 입장에 놓이게 된다.

실제로는 자살생각에 대해 말하도록 환자를 격려하면 일반적으로 환자로 하여금 그 생각들을 보다 객관적으로 검토하도록 도울 수 있고, 치료적 개입에 필요한 정보를 제공하고 또 어느 정도 안심시킬 수 있다.

더 고려해야 할 요인으로는 환자가 자살을 시도할 때 다른 사람이 자살의도를 탐지할 가능성, 자살시도를 막는 적기의 개입과 도움의 정도 및 즉각적이고 절절한 의학적 도움을 얻을 수 있는 조력의 가능성 등의 환경적 여건을 알고 있어야 한다. 물론 실행 가능한 사회적 지원체계의 존재는 하나의 치료적 자원이 된다. 자살시도자 및 자살자의 40%가 자살행위 1주 전에 병원이나 정신과를 방문했다는 사실은 주목할 만하다.[25] 몇몇 체계적 연구에 따르면, 자살을 감행할 결심에 뒤이어 한 동안의 평정한 시기에 있다고 한다. 초조했던 환자가 갑자기 평온한 모습을

---

25) Yessler,P.G, Gibbs, J.J., and Becker, H. A. Communication of suicidal ideas. Archives of General Psychiatry, 1961, 5m 12-29.

띠면 호전된 것으로 오인하기 쉽지만 자살의 위험신호이다.[26]

개인의 자살의도의 정도는 연속선상의 한 점으로 고려될 수 있다. 한쪽 극단은 절대적인 자살의도이고 다른 극단은 삶을 계속하려는 의도이다. 여러 형태의 의도가 이 연속선상의 어딘가에 해당된다. 죽음의 확률 앞에 자포자기 한다. 연속선상의 또 다른 지점은 치사량의 진정제를 복용한다.

우연요인이 자살시도를 선호하는 쪽으로 기울도록 작용할 수도 있다.

이와는 대조적으로 자살가능성 높은 환자가 뜻밖의 친구의 방문으로 목매는 행동을 중지했다. 우연한 우정의 상황으로 인해 그는 자살 생각에서 벗어났다.

자살소망은 우울증 환자에게 널리 퍼져 있으며, 또한 잠재력으로 치명적인 문제이므로 치료자는 왜 환자가 이런 극단적인 행동을 고려하는지를 이해하는 것이 중요하다. 그렇게 이해하면 치료자는 자살문제를 다루는 적절하고도 효과적인 기법을 선택하는 유리한 입장에 놓이게 된다. 그러나 치료자가 자살의도의 유무를 탐지하더라도 그 정도를 측정하지 못한다면 어떠한 자살대처방략도 소용이 없게 된다.

개인의 자살 위험을 평가하려면 상담자는 환자가 궁리하는 자살방

---

26) Keith-Speigel, P., and Spiegel, D.E. Affective states of patients immediately preceding suicide. Journal of Psychiatric Research, 1967, 5, 89-93.

법, 약물의 문제에 대한 환자의 지식, 또는 다른 자기파괴 방식 등의 요인을 잘 고려하고, 적정량의 수면제 같은 자살 방법들을 평가해야 한다. 더 고려해야 할 요인으로는 환자가 자살을 시도할 때 다른 사람이 자살의도를 탐지할 가능성, 자살시도를 막는 적기의 개입과 도움의 정도 및 즉각적이고 적절한 의학적 도움을 얻을 수 있는 조력의 가능성 등의 환경적 여건을 알고 있어야 한다. 물론 실행 가능한 사회적 지원체계의 존재는 하나의 치료적 자원이 된다.

Chapter 16

오장 소리건강법

호흡, 건강장수의 비결

호흡만 잘해도

건강수명을

늘려준다.

호흡기를 지키면
건강수명 UP

✚

호흡과 수명의 관계

한 조사기관에 따르면 호흡계통(폐렴, 하기도 질환)은 3번째 사망원인이다(사망원인 1위 암, 2위 뇌혈관 심장질환). 우리 신체의 심폐기능은 건강과 밀접한 관계를 갖고 있음을 알 수 있다.

쥐는 1분에 150번 숨을 쉬며 3년을 산다.

개는 1분에 80-90번 정도 숨을 쉬며 12년을 산다.

코끼리는 1분에 5-6번 정도 숨을 쉬며 150년을 한다.

거북이는 1분에 2~3회 호흡하며 수명은 250~300년이고,

반면에 사람은 1분에 13~20회 호흡하며 수명은 70-80년을 산다.

이런 조사를 통해 알 수 있듯이 호흡법과 수명(壽命)의 관계가 있음을 알 수 있었다. 그래서 "얕고 짧은 흉식호흡보다 깊은 복식호흡이 뇌의

혈류량을 늘리고 뇌 세포 활동 촉진에 좋다"는 말을 다 알고 있을 것이다. 그래서 호흡기내과 의사들은 호흡만 잘해도 건강수명을 늘려준다고 말한다.

하루에 호흡으로 마시는 공기의 양은 약 8000L 이상이다. 보통 성인의 경우 평상시 호흡에 따른 횡경막의 상하 운동폭이 2cm정도인데 이때 공기의 유통량이 0.5리터(500cc)정도 들어오고 나간다. 그런데 깊은 단전호흡(丹田呼吸)을 하면 횡경막의 상하움직임의 폭이 6~8cm정도 되고 횡경막이 1cm정도 하향하는데 약 0.25리터(250cc)의 공기량이 더 흡입(吸入)되기 때문이다. 결국 공기량을 흡입하게 되어 우리 인체 곳곳에 필요한 산소를 항상 충분히 공급하게 된다.

들이마신 호흡은 우리 몸의 혈관을 타고 장기에 산소를 공급해준다. 몸 속 세포는 산소가 있어야 영양분을 산화시키면서 에너지를 얻는다. 그리고 이산화탄소를 배출한다. 서울대학교 간호대 연구팀이 발표한 한 논문을 보면, 고혈압 노인이 복식호흡 훈련을 받으면 혈압이 감소하는 것으로 나타났다.

이처럼 깊은 단전호흡을 익히면 피로함 없이 항상 맑은 정신으로 좋은 능률을 올릴 수 있다. 또 원활한 산소의 공급으로 인체 내 불필요한 지방질을 연소시켜주기 때문에 비만, 고혈, 당뇨, 지방간 같은 성인병 치유에도 큰 도움을 줄 수 있다.

"이제 어째든 숨 잘 쉬는 게 장수다.
시원스럽게 숨 잘 쉬는 게
건강하게 잘 사는 법이다.

호흡만 잘해도
건강수명을 늘려준다."

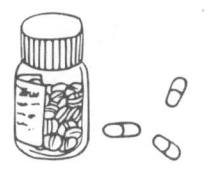

심폐 호흡기 건강법

나는 여느 수업에서조차 아니 둘만의 상담에서도 힘을 북돋워주는 기법으로 입 밖으로 소리내기, 따라하기, 선포하기, 표현하기, 낱말 정복하기 등의 소리를 내게 한다. 큰소리를 내뱉는 훈련이 되면 건강과 자신감에 찬 생활을 할 수 있기 때문이었다. 무엇보다도 호흡기의 변화를 주게 된다.

호흡기 건강은 산소를 가득 공급하여 전신의 혈액순환이 잘 되고 몸과 마음이 편안해진다. 그리고 심장과 심폐 기능들이 좋아져 심신이 여유롭고 넓어진다. 물론 스트레스 해소에 좋다.

일찍이 목소리 테라피를 연구하다가 호흡기, 심폐, 복식호흡 등의 건강을 가르치게 되었다. 목소리 트레이닝은 발성과 발표를 넘어서 건강에도 좋은 효과가 있음을 전하게 되었다. 호흡기 치유는 심신수련에도 탁월하지만 특히 우울감, 불안증, 분노(화), 잦은 질병 예방에도 효과가 좋다. 가슴에 쌓아둔 스트레스 해소에 최고다. 한마디로 스스로 치유하는 '자기치유력'이다.

묻겠다. "우리 몸의 현재의 상태와 감정을 거짓 없이 표현해 주는 역할은 어디서 할까?" .. 개인의 목소리는 어느 정도 타고나지만 소리개발 훈련을 통해 부드럽고 끌리며 기운이 넘치는 건강한 목소리로 얼마든지 바꿀 수 있다.

또 묻겠다. "탁하고 막힌 듯한 약한 목소리를 맑고 강하게 하고, 시원하고 기운 넘치는 소리로 바꾸려면 어떻게 해야 할까?" .. 이는 복식(단전)의 기운을 활용하면 목소리를 탁 뜨이게 만들 수 있다.

다시 묻겠다. "'심신건강'이란 말을 들어봤는가? 아, 'mind and body'가 무슨 뜻일까?" .. 맞다. 몸과 마음은 일치하는 하나다. 불안, 두려움, 분노, 우울감, 무기력증, 공황장애, 대중공포, 대인기피증, 사회적 관계 결핍, 스트레스 등 치유하거나 단련하여 기운 넘치는 심신으로 바꿀 수 있다.

계속하여 질문해 보겠다. "자신의 심신이 답답하고, 화가 치밀어 오르고, 스트레스로 인해 우울하다. 최근 일상생활 속에서 쌓인 스트레스, 분노, 불안 등 심신의 답답함을 풀어주지 않고 오랜 시간 쌓아두었다면 신체의 어느 부분이 병들게 될까?" .. 그렇다. 심장이나 폐이다. 우리의 심폐기관을 젊게 하고 뇌를 건강하게 해줌으로써 최상의 면역 체계(항체)를 향상시킬 수 있다.

깊은 복식(단전) 호흡

소리라고 말하면 목에서 나오는 소리만 생각한다. 그러나 소리는 목, 가슴, 그리고 배(단전)에서 나오는 소리를 말한다. 그런데 배에서 나오는 소리를 자유자재로 낼 수 있으면 뇌와 심폐기관 그리고 위를 튼튼하게 해 준다. 건강한 소리를 내게 된다.

그러므로 울림이 있는 가슴의 소리를 잘 내기 위해서는 심장과 폐의 기능이 좋아야 한다. 약한 목소리를 낸다면 심폐가 약해져 있을 수 있다. 심폐의 노화는 가슴이 답답하고 숨이 차는 증상이 오게 된다. 가슴에서 걸림 현상이 느껴질 수 있다. 이는 목소리 수련을 통해 탁 트인 소리를 낼 수 있다.

우리 몸에서 뇌는 많은 산소를 필요로 한다. 산소가 부족해지면 우선 머리가 무겁거나 두통이 생긴다. 그래서 깊은 복식호흡법은 뇌에 충분한 산소를 공급하게 하여 머리가 맑아지고 기억력도 좋아지게 한다. 무엇보다도 호흡기와 심폐기능이 좋아지게 된다.

기초 복식호흡으로 단전의 힘을 키울 수 있다. 단전(丹田)은 우리 몸의 신장 사이에 위치하고 있다. 몸의 기가 모이는 자리로써 배의 하단전으로 배꼽부터 손가락 네 개를 겹친 곳이 될 수 있다. 실제로 아랫배에 힘을 주고 숨을 깊이 들어 마시(들숨)면 힘과 용기가 생긴다. 당연 우렁차고 힘 있는 목소리를 낼 수 있게 해준다. 소리로 말하면 변형을 주고 높은 음, 장음 등을 낼 수 있다.

호흡기 지키는 건강법

수시로 호흡을 깊고 강하게 하는 건강법을 실천한다. 하루에 세 네 번 5분 정도 호흡기 건강법을 통해 심폐기능을 강화시키고 폐에 신선한 기운을 불어넣어준다.

<생활건강100 주치의>

심폐기능 강화법 3가지

1. 가슴을 넓혀 심폐기관과 내분비선을 강화하는 체조를 한다.
2. 무릎을 당기고 가슴을 펴고 단전, 허리, 양 어깨에 지그시 힘을 주며 몸을 움직인다.
3. 다리를 넓게 벌리고 양팔을 들어 손바닥이 하늘로 향하도록 한다. 허리와 가슴을 펴고 척추를 곧게 세운다.

사람은 음식을 먹지 않고 길게는 14일 정도를 버틸 수 있다.
물을 먹지 않고는 5일 정도 버틸 수 있지만,
호흡을 하지 않고는 4-5분을 버틸 수가 없다.
이처럼 호흡은 사람의 생명과 가장 직접적인 관계를 가지고 있다.

복식 호흡법으로
건강 기(氣) 세우기

✚

호흡과 건강

호흡의 들숨(들여 마심)과 날숨(내 쉼)에 따라 몸에 힘이 있고 없고의 차이가 있다. 체내에 산소가 부족하면 몸에 힘이 약하고 잔병도 많이 일어난다. 기(氣)가 없기에 의욕이 없다. 그리고 오장육부의 기능에도 영향을 준다. 그리고 들여 마시는 호흡이 부족하면 당연히 신진대사와 각종 흐름과 작용이 약하게 된다. 그러므로 깊게 호흡을 충분히 마시는 것은 몸과 마음에 매우 큰 영향력을 미친다.

깊은 호흡(숨)을 내쉬는 것은 인체의 안에 있는 각종 부패한 요소들을 밖으로 내보내어 준다. 이를 테면 근심, 불안, 두려움, 공포, 분노(화), 부정적 감정, 우울감 등을 정화케 해준다. 뿐만 아니라 가슴이 늘 답답하고, 무기력하며 피곤을 안고 살아가는 몸이 정화되고 후련해진다. 더불어 규칙적인 운동과 소리건강, 깊은 호흡법 등을 하게 되면 몸과 마음이 건강해진다. 그리고 호흡이 깊어져 기(氣) 활용이 확장된다. 또한 몸 안에 가득한 노폐물과 나쁜 에너지를 밖으로 내보내어준다. 무엇보다도 폐활량이 넓어져서 많은 공기를 흡입할 수 있다. 그 결과로 청아한 목소리를 갖게 되며 잦은 질병을 예방하고 자신감을 얻게 되어 힘찬 생활을 누리게 된다.

호흡이 약한 사람의 문제는 성격이라고 본다. 즉 자신감은 성격과 관계되어 있다. 이는 감정을 다스리는 능력이 부족하기 때문이다. 그러므로 마음과 호흡은 깊은 관계를 가지고 있으므로 호흡 훈련을 통해 강하고 담대한 심폐기능을 갖게 된다. 이는 여러 소리와 호흡 훈련을 통해 극복할 수 있다.

혹시 자신의 목소리가 작고 숨결이 약한가?

기분이 쉽게 우울해지는가?

이는 심폐, 호흡, 목소리, 발성 등의 개선을 통해 극복할 수 있다.

호흡은 폐와 밀접한 관계를 가지고 있다. 폐 쪽으로 심장과 간이 있고 호흡을 주관한다. 폐는 산소를 흡수하고 몸 안에 있는 이산화탄소를 배출한다. 쉼 없이 신선한 공기를 흡수해서 혈액에 산소를 공급한다. 그 혈액은 온 몸을 돌면서 각 기능에 산소를 공급한다. 그리고 우리 몸에 수분이 골고루 퍼지게 하는 역할을 한다.

두 가지 호흡의 원리

(1) 들숨 ==> 들여 마시는 호흡 <== 산소(신선한 공기)

(2) 날숨 ==> 내쉬는 호흡 ==> 이산화탄소 ==> 정화

기억하자. 호흡이 가늘고 약하면 목소리도 아주 작고 자꾸 기어드는 소리를 낸다. 상대방을 집중시킬 수도 없고 센 소리를 낼 수도 없다. 문제는 의지도 약하고 귀가 얇아 쉽게 잘 삐지고 포기하게 된다. 낯선 상황 속에서 기(氣)가 눌려 자신감 없는 침체된 생활을 하게 된다. 이런 현상을 해결 할 수 있는 좋은 방법 역시 깊은 호흡법과 소리훈련을 통해 호흡기 계통을 강화시키는 것이 좋다.

한의원에 가면 환자의 맥을 짚어보거나 또는 목소리와 눈동자를 보고는 "기(氣)가 약합니다"라고 하면서 기를 강하게 해주는 처방을 내리는 경우도 있다. 또 대중 앞에 나가면 기가 눌려서 말을 못하는 사람들도 많다. 이는 모두 약한 기(氣)를 가지고 있기 때문이다.

예를 들어, 두 대의 선풍기가 있다고 가정하고 <강> <약> 중 어느 바람의 세기가 더 힘이 셀까? 당연 <강>의 스위치를 누른 선풍기이다. 그렇다면 강한 호흡을 가진 사람과 약한 호흡을 가진 사람의 차이가 있을

까? 현저한 차이가 있다. 개인적 상담을 했던 아래의 사람은 무슨 문제가 있는 것인가? 이는 호흡이 강한 사람일까, 약한 사람일까?

그는 매사에 자신감이 없습니다.

그리고 대인관계에서 그리 당당하지 못합니다.

항상 상대에게 끌려 다닙니다.

그의 말투와 발음은 정확하지 못합니다.

그는 자신 없이 간신히 입을 우물거리며 주눅이 들어서 이야기합니다.

일반적으로 호흡이 약하고 가늘면 목소리도 약하고 원만한 관계를 가질 수 없다. 잔병도 많고 쉽게 피곤함을 갖는다. 그러므로 얕은 가슴 호흡은 스트레스와 억압을 받고 있다는 의미다. 또 무기력하며 의욕이 부족하다는 증거이다. 다음의 물음에 답해보라.

당신은 호흡의 세기가 센가, 약한가?

기(氣)가 강한가, 눌려 지내는가?

배(단전)로 숨 쉬는 복식호흡하기

배(단전)로 호흡하여 세고 좋은 소리를 내며 명확한 발음과 신뢰를 주는 소리를 만든다. 굵고 우렁찬 소리와 따듯하고 편안한 소리, 그리고 호감을 주는 목소리를 만들 수 있다. 또한 자유자재로 소리에 변화와 리듬을 주게 된다. 결국 목소리가 좋다는 것은 발음, 발성, 호흡 등을 잘 유기적으로 사용한다는 것이다. 그러기 위해서는 호흡의 기관을 정확히 알고 배(단전) 호흡을 통해 건강소리를 낼 수 있다.

복식호흡이란 숨을 배(단전)까지 깊숙이 채운 다음 입으로 뱉는 호흡을 말하는 것이다. 즉 자신의 폐에 공기를 많이 채워 배까지 확장시키는 것을 의미한다. 숨을 들이마시면 마치 풍선이 부풀어 오르는 것과 같은 것이다. 그리고 다시 숨을 천천히 내뱉는다. 풍선에 있던 바람이 나가면서 수축되듯이 말이다. 이것을 흔히 배로 호흡한다고 말하는 것이다. 아무튼 배(단전)를 이용해 호흡을 한다. 그리고 단전호흡은 배꼽과 생식기의 가운데, 즉 아랫배에서 만들어내는 호흡법이다.

규칙적인 운동을 한다. 바른 산책(걷기)이 좋다. 당연 몸도 마음도 건강해 진다. 운동을 하면 내 호흡법이 복식호흡법으로 바꾸어진다. 나쁜 기운을 밖으로 내 보낸다. 폐활량이 넓어지고 강한 기운을 얻어 힘찬 목소리를 낼 수 있게 된다.

우리의 목은 머리와 몸을 연결시키는 다리의 역할을 한다. 6-8kg의 머리를 담고 있는 목은 늘 아프기도 하고 또 한쪽으로 기울여지기도 한다. 입을 다물고 코로 크게 연다. 코가 풍선의 입구라고 생각하고 배가 풍선이라고 생각하면 된다. 숨을 마실 때 배가 볼록 나오고 숨을 내쉴 때 배가 들어간다.

복식호흡 연습하기

1) 코로 공기를 폐 속 깊숙이 들이마신다. 이때 배는 풍선의 원리처럼 팽창하게 된다. 입은 다물고 코로 공기를 최대한 마신다.

2) 그런 다음 2초 정도 멈추었다가 "프~"하면서 천천히 입으로 모두 뱉는다. 숨을 길게 쉰다는 것이다.

3) 이번 엔, 한쪽 콧구멍을 막고 다른 한쪽으로만 숨을 쉰다. 이 과정을 교대로 반복한다. 이때 호흡이 배 밑으로 내려가게 하면 그것이 바로 단전호흡이다. (오른쪽 엄지손가락으로 오른쪽 코를 막고, 숨을 깊게 마시고 왼쪽 코로 숨을 내쉰다.)

이와 같은 과정을 약 10분 동안 반복하여 훈련하다. 그러면 당신은 곧 배로 숨 쉬는 복식호흡을 갖게 될 것이고, 호감 가는 나만의 좋은 소리, 힘 있고 따듯하며 자신감 넘치는 목소리를 지니게 된다.

실전, 호흡기를 건강하게 하는 동작 배우기

이 동작은 호흡기를 시원하게 뚫어주는데 도움이 되는 동작이다. 우울하고 슬프고 지나치게 억누르는 감정은 명치(가슴뼈 아래 한가운데의 오목하게 들어간 곳)에 쌓인다. 그러므로 나쁜 감정은 호흡법을 통해 날려 보내는 것이다.

1) 팔꿈치를 몸 옆에 바짝 붙이고 눕는다.
2) 양쪽 발끝을 벌리고, 팔꿈치를 바닥에 닿게 하고, 머리끝도 바닥에 닿게 한다.
3) 편안하게 머리, 팔, 손 등을 좌우로 흔들어 풀어준다.
4) 목을 뒤로 완전히 제치고, 숨을 마시고 내 쉬는 호흡을 한다.

<생활건강100 주치의>

복식호흡법의 요령들

- 다리를 어깨 넓이로 벌리고 두 다리에 균등하게 힘을 준다.

- 어깨는 힘을 완전히 빼고 긴장을 푼다.

- 천천히 코로 숨을 들이쉰다.

- 이때 배로 공기가 흘러 들어간다. 배가 부풀려진다.

- 그리고 호흡을 멈춘다.

- 들이쉰 숨을 입으로 아주 천천히 내보낸다.

- 이때 편안하게 "~아"하고 소리를 낸다.

- 내쉴 때는 배가 천천히 들어가야 한다.

이렇게 호흡법을 10회 이상 훈련을 해야 한다.

실전, 소리발성
건강법 배우기

＋

우리가 입을 통해 내는 소리는 목의 소리, 가슴의 소리, 배의 소리로 크게 세 단계로 나누어 말할 수 있다. 그렇다면 우렁차고 힘찬 목소리는 어디에서 나오는 것일까? 그것은 당연 배에서 나오는 소리이다. 그리고 사람의 목소리를 들어보면 건강정도를 알 수 있다. 바로 목소리에는 그 사람의 건강상태를 가지고 있기 때문이다. 소리에는 건강에너지가 존재한다.

오장과 오음 발성치료

오행원리의 오음발성 소리가 있는데 <아~, 이~, 우~, 어~, 음~> 등이다. 그런데 이들은 소리와 아주 밀접한 상관관계를 가지고 있다. 그래서 건강한 사람의 소리는 언제나 맑고 힘이 있어 울림이 있다. 이 오음발성을 수련해준다면 심폐기능과 호흡기능 그리고 장기기능이 원활해지게 된다.

그런데 신체의 오행원리에서 고전 명의에 보면 그 사람의 목소리만 듣고도 병을 알아냈다. 그만큼 목소리는 건강의 척도가 된다.

묻겠다. "목소리가 맑고 힘이 있으며 울림이 있는 사람은 건강할까?" 울림이 있다는 것은 심폐기능이 좋다는 것이고, 힘이 있다는 것은 단전의 힘이 세다는 의미다. 따라서 건강하다고 볼 수 있다.

나는 당신의 "야~호" 소리만 들어봐도 몸 건강의 상태를 어느 정도 알 수 있다. 실제로 옛날의 명의들은 목소리만으로도 그 사람의 병을 알아냈다. 지금 당신의 목소리에는 건강정도가 담겨있다. 당장 "야~호"를 큰소리로 질러봐라. 또 '아~' 소리를 20초 이상 길게 늘려 내보라. 이번에는 '아~' 소리를 리듬감을 주어 소리를 내본다.

이러한 소리를 통해 폐와 심장과 오장기능 등 건강정도를 알 수 있다. 그래서 큰소리를 내거나 지속적으로 단전 호흡법을 내면 혈압, 체온, 혈당의 비정상에서 정상으로 돌아온다. 꾸준히 소리건강법을 지키면 오장이 건강해진다.

다음 소리를 통해 오장의 건강정도를 파악할 수 있다.

오장 소리건강법 - 간, 폐, 심장, 신장, 비장이 허약하면

간, 눈이 흐려지고 눈에 힘이 없다.

폐, 거친 소리가 난다.

심장, 기지개와 하품을 자주 하게 되고 집중력이 떨어진다.

신장, 무릎을 감싸고 웅크려 앉거나 자세가 불안정하다.

비장, 입이 마르다.

이러한 소리처방 이유는, 목소리는 목에서만 나오는 음성이 아니라 우리의 가슴과 배(단전) 그리고 오장육부(五臟六腑, 뱃속)를 모두 거쳐서 나오기 때문이다. 결국 소리는 심폐기관과 위 등의 영향을 받는다. 그러므로 좋은 목소리, 힘 있고 당당한 소리는 심폐기관이 건강해야 하고, 위도 튼튼해야 가슴과 배의 소리를 제대로 낼 수 있다. 그리고 무엇보다도 건강은 오장과 관계가 있다. 오장은 비장, 폐, 간, 심장, 신장이다. 육부는 쓸개(담낭), 위, 소장, 대장, 방광, 삼초를 말한다.

오장 소리건강법은 이미 오래전부터 한의학에서 건강의 상태를 점검하는 방법으로 오음을 활용하고 있다.[1]

---

1) 소리지르면 건강해진다, 김호언, 눈과 마음.

실전, 소리발성 건강법

각각의 오음(아~, 이~, 우~, 어~, 음~) 발성을 따로 따로 해준다. 그리고 오음을 연이어서 순서대로 발성 훈련을 한다.

깊은 들숨과 날숨으로 하되, 천천히 단전에 힘을 준다. 천천히 가볍게 소리를 낸다. 단전에 힘을 주면서 크고 강하게 소리는 낸다. 처음에는 약하게 나중에는 강하게 소리를 낸다. 마치 단계적으로 오르듯이 소리를 낸다.

오음의 발성 수련

'아~' 음과 '이~' 음의 발성으로 심장과 심폐의 노화 정도와 건강상태를 알 수 있다. 그럼 당장 '아~' 음과 '이~' 음을 길게 소리를 내어 본다. 시간은 20초 정도 길게 끌어주시면 된다. 그리고 그 소리를 자세히 들어 본다. 약한지, 호흡이 길어 쭉 20초 끌어주는지 말이다. 준비하고 시작~

'아~~~' : 20초 ~~~ (심폐)

'이~~~' : 20초 ~~~ (심장)

20초 정도 명확하게 소리가 잘 나지 않는다면 자신의 심폐와 심장을 강화해 줄 필요가 있다. 울림과 바이브레이션과도 관련이 있다.

건강한 사람의 소리는 맑고 힘이 있으며 안정되어 울림이 있다. 이는 목과 울림이 있는 심폐기관 그리고 배의 힘이 합해진 에너지다. 반면, 건강하지 않은 사람은 중간에 소리장애로 불안정한 소리를 낸다. 그리고 "아~~컥!" 하면서 소리를 멈추게 된다. 가늘고 약한 소리, 탁하고 뜨는 소리가 나온다. 어쩌면 몸과 마음이 허약하다는 표시이며 나도 모르는 약한 부위가 있을 수도 있다. 또는 위가 약할 수도 있고, 폐가 약해도 잘 소리가 나지 않는다.

오음 소리건강으로 보면 폐가 약하면 목소리도 약하고 장음을 잘 내지 못한다. '아~' 음을 힘들게 낸다. 그리고 심장이 약하면 '이~' 소리가 잘 나지 않는다. 신장이 약하면 잘 안 나는 소리는 '우~' 이다. 소리건강법으로 단전의 힘이 생기면 신장도 좋아진다. 간이 허약하면 잘 피곤하고 '어~' 소리 내기가 힘들다. 위가 약하면 '음~' 소리가 잘 나지 않는다.

오행원리 발성 수련

오음발성	약한 장기	소리건강수련
"아~~"	폐	폐를 강하게 해주고 감기예방에도 좋다.
"이~~"	심장	혈액의 흐름을 좋게 해준다.
"우~~"	신장	면역력을 증진해준다.
"어~~"	간	기운을 돕고 키운다.
		간의 긴장과 피로를 풀어준다.
"음~~"	위	소화불량과 변비에 효과가 있다.

6자 건강법

	소리	장기
1	취~	신장
2	훠~	심장
3	허~	간
4	스~	폐
5	호~	비장과 위
6	히~	삼초

하루 5-10분 이상 세 번씩 오음 발성수련을 실천해주면 목소리 개선, 발성력 증대, 단전의 힘, 리듬감 있는 목소리 등 효과를 볼 수 있다. 오음 소리 건강법을 3개월 정도 꾸준히 해주면 잦은 감기, 두통, 천식, 불면증, 우울감, 소심, 불안증, 소화불량, 만성피로 등의 효과가 나타날 수도 있다. 복성의 소리를 낼 수 있다. 자신감도 갖게 되어 힘 있는 목소리를 지니게 된다.

주의사항으로 오음 소리건강 효과는 개인별 상황과 훈련에 따라 다소 차이가 있음을 밝힌다. 그리고 깊은 호흡법을 통해 훈련해야 한다.

신체 오장의 기능 이해

+

한의학에서 가장 기본이 되는 것은 음양오행(陰陽五行)이다.

음양(陰陽)은 어떤 사물을 바라보는 인식체계로써, 모든 본질은 하나이나 양면(兩面)으로 관찰하여 상대적인 특징을 인식하는 것을 말한다. 생리기능에서 발열·혈압상승·빠른 맥박 등은 양(陽)에 속하며, 오한·혈압강하·느린 맥박 등은 음(陰)에 속한다. 한마디로 한의학은 양과 음의 과다와 부족을 조화시켜 주는 의학이다.[2]

그래서 우리 몸의 신체구조를 흔히 '오장육부'라고 부른다. 그 오장의 기능을 이해하고자 한다.

간은 소화 작용, 호르몬대사 해독작용, 살균작용 등을 수행한다. 복부의 오른쪽 위 횡경막 아래 위치하고 있다.

심장은 흔히 염통이라 불린다. 산소가 풍부한 혈액을 전신으로 순

---

2) 참고자료: 두산백과, 네이버 지식백과

환하게 해주며 1분 60-100회 정도 수축한다. 가슴의 왼쪽에 위치한다.

비장(지라)은 면역세포의 기능을 돕고 세균이나 항원 등을 걸러내며 노화된 세포를 제거하는 역할도 한다. 왼쪽 갈빗대가 끝나는 곳에 위장의 뒤쪽이며 등쪽에 붙어 있다.

폐(허파)는 우리 몸의 호흡을 담당하는 호흡기관으로 산소를 공급하고 배출하는 역할을 한다. 가슴 속 공간인 흉강 안에 위치한다.

신장(콩팥)은 노폐물을 제거해주고 체내의 수분과 염분의 양, 염기균형을 조절해준다. 복부의 뒤쪽 척추의 양옆에 각각 1개씩 위치한다. 육부는 담(쓸개), 위, 소장, 대장, 방광, 삼초(기혈) 등이다.

신체 오장의 기능과 위치

다음은 신체의 오장의 위치를 이해하고자 한다. 우리 몸에 오장이 어디에 있는지 알면 더 유익하다. 지금 각 신체 오장의 위치와 기능을 확인해 보자.

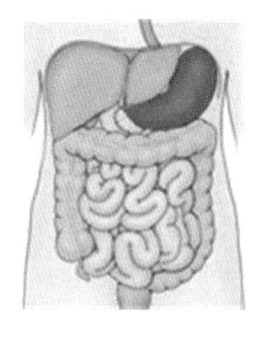

위의 위치

위(비장)

위는 자루 모양(J자형)으로 몸의 횡격막 밑에 위치하고 있으며 보통 우리가 갈비뼈 아래 부분을 명치라고 하는 데, 그 명치의 아랫부분 정도에 위치하고 있다고 생각하면 된다. 위는 몸의 음식물의 소화와 흡수의 기능을 한다. 위는 식도와 연결되어 있으며 십이지장으로 이어져 있다. 위의 용량은 약 1,500cc이며, 성인의 평균용량은 남자가 1,407cc, 여자가 1,275cc 정도이다. 위는 음식물을 일시적으로 저장하면서, 본격적으로 소화가 시작되는 기관이다. 만약 위에 문제가 생기면 나타나는 질병은 소화불량과 변비이다.

소화불량은 위장의 운동기능이 저하되어 음식을 제대로 분해하지 못하여 발생하는 것으로, 음식물이 위에 걸려있는 답답한 증상이 나타난다. '위산과다'는 위벽을 보호하는 뮤신(점액소)보다 위산(염산)이 많이 분비되어 속쓰림이 나타나는 증상으로, 더 진전이 되면 위벽이 손상되어 위궤양이 된다. 이외에도 신경성으로 나타나는 위염은 스트레스로 자율신경계의 이상으로 발생이 되며, 위암으로 발전이 되어 생명을 잃기도 한다.

폐(허파)

폐의 위치

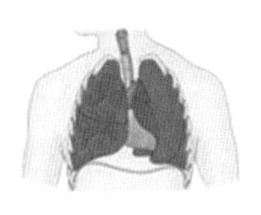

폐는 사람에게 있어 호흡을 하는 기관이다. 호흡을 담당하는 필수적인 기관으로 공기의 들숨과 날숨을 통해 산소를 얻고 이산화탄소를 배출하는 기관이다. 가슴우리 안에 위치하며 오른쪽, 왼쪽 허파로 한 쌍을 이룬다. 가슴우리 (흉곽) 안에 있으며 심장을 사이에 두고 오른 허파와 왼 허파로 나뉘어 존재하다. 가로막 바로 위에서 빗장뼈 위쪽까지 걸쳐서 위치한다.

간(해독)

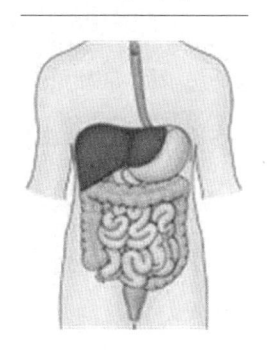

간의 위치

간은 우리 몸의 오른쪽 위 복부에서 왼쪽 위 복부에 걸쳐 자리 잡고 있다. 간은 신체에서 가장 큰 장기로 무게는 약 1.5kg 정도이다. 횡격막 바로아래에 위치하며 오른쪽으로 살짝 치우쳐 있어 오른쪽 갈비뼈의 보호를 받고 있다. 간의 가장 큰 기능은 해독기능이다. 간 기능을 제대로 못하면 쉽게 피곤하고 눈이 침침해진다. 간의 주된 기능으로는 탄수화물 대사, 아미노산 및 단백질 대사, 지방 대사, 담즙산 및 빌리루빈 대사, 비타민 및 무기질 대사, 호르몬 대사, 해독 작용 및 살균 작용 등 다수의 대사 작용이 있다.

이를 테면 빠르게 걷기, 조깅, 등산, 수영 등 유산소 운동을 하면 심폐 기능이 좋아져 우리 몸 구석구석까지 산소가 공급되어 질병에 대한 저항력이 생긴다.

심장(혈액)

심장은 사람의 혈액순환의 원동력이 되는 기관이다. 혈액을 신체의 구석구석까지 보내는 펌프 역할을 해준다. 한마디로 주기적인 전기적

자극을 생성하여 근육의 수축과 이완을 통해 혈액을 온몸으로 순환시키는 장기이다.

우리가 흔히 가슴이라는 깊은 곳에 위치해 있다. 폐의 1/3은 중앙에서 오른쪽에, 2/3은 왼쪽으로 치우쳐 있다. 그래서 왼 폐의 아랫부분이 심장의 위치 때문에 좀 찌그러진 듯한 모양을 하고 있다.

심장의 위치

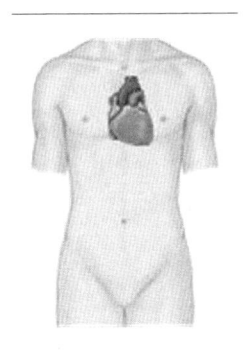

신장(콩팥)

신장의 위치

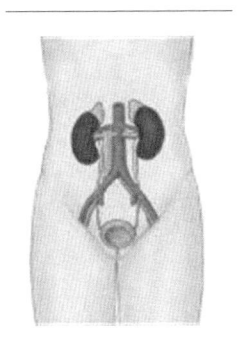

신장(콩팥)은 혈액으로부터 오줌 성분을 걸러내는 비뇨기계의 기관이다. 신장의 위치 두개의 신장은 각각 12번째 흉추와 3번째 요추 사이에 척추 옆으로 5cm정도 떨어져 있으며, 복부 장기와는 후복막 벽으로 나누어져 독립되어 있다. 척추의 좌우 1쌍의 신장으로 덮여 있다.

콩팥의 기능에는 첫째, 대사산물 및 노폐물을 걸러서 소변으로 배출하는 배설 기능이다. 둘째로 체내 수분량과 전해질, 산성도 등을 좁은 범위 안에서 일정하게 유지하는 생체 항상성 유지 기능이다. 셋째로 혈압 유지, 빈혈 교정 및 칼슘과 인 대사에 중요한 여러 가지 호르몬을 생산하고 활성화시키는 내분비 기능으로 요약할 수 있다.

먼저 읽어야 할
뇌+호르몬 용어 이해하기

혈압, 뇌파, 호르몬 등 우리 신체의 모든 시스템은 리듬을 타고 움직인다. 리듬을 탄다는 것은 곧 건강하다는 증거다. 우리 몸은 단기적으로 에너지를 얻기 위해 노르아드레날린, 아드레날린, 노르어피네프린, 코르티솔과 같은 스트레스 호르몬에 크게 의존하게 된다. 그런데 이러한 호르몬이 장기간 남아 있을 때 독성을 띠어 우리 몸에 치명적인 해를 입힌다. 이 물질로 인해 더욱 강한 독성 물질인 활성 산소가 발생한다.

뇌내 모르핀 효과를 익힌 후에는 매사에 좋은 호르몬을 발생시키려고 노력해야 한다. 이는 곧 당신의 건강과 진정한 행복을 보장해주는 최고의 지름길이기 때문이다.

호르몬이란 뇌 안에 있는 정보 전달자로써 뇌가 몸 전체에 명령을 보낼 수 있고 그 명령에 따라 세포발생을 촉진하게 된다. 뇌에서 면역력을 높이는 호르몬이 나오면 몸 전체의 면역력이 강화되어지게 된다.

※이미지 출처:
네이버 지식백과, 위키백과, 구글이미지, 클립아트코리아, 개인 블로그(주소) 등에서 출처를 밝히며 학습 목적으로 사용하였다.

● 해마

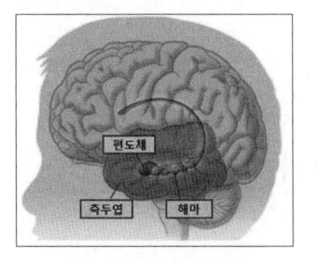

해마는 대뇌변연계(limbic system)를 구성하는 한 요소로서 측두엽 안에 자리 잡고 있다. 뇌에서 중요한 기관으로 주로 기억을 관장하며 새로운 사실을 학습하고 기억하는 기능을 한다. 특히 미래나 꿈을 품을 때 더욱 활성화한다.

운동을 꾸준히 하면 해마 부위에서 새로운 신경세포가 생겨나 뇌 기능이 향상된다.

● 뇌력

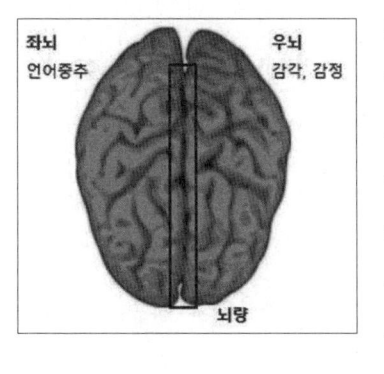

뇌는 뇌세포에서 뻗어 나온 뉴런(신경세포)의 연결망으로 이루어진다. 세포와 세포를 잇는 시냅스와 연결되어 있다. 뇌력은 좌우 대뇌를 잇는 다리이며 여기서 상호정보교환이 이루어진다. 스트레스를 조절하고 통제하며 꿈을 주관한다. 뇌력을 키우기 위해서는 운동, 식습관, 긍정생각 등 쾌감물질을 분비하면 된다.

● 뇌유래 신경성장인자

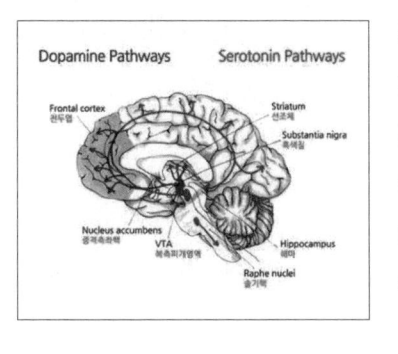

뇌유래 신경성장인자(BDNF:brain-derived neurotrophic factor) 결핍으로 치매와 같은 신경계질환들이 생긴다. 일종의 호르몬 영양소이다. 이 영양소는 학습과 운동을 통해 얻을 수 있는 물질이다. 뇌유래 신경영양인자가 놀이와 학습에 의해 증식한다.

● 세로토닌

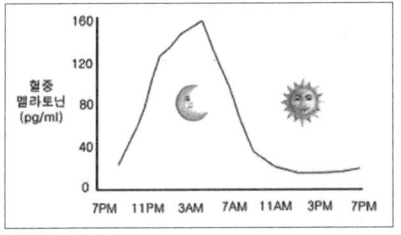

미인 호르몬으로 불리는 세로토닌은 모든 신경전달 물질의 지휘자로 불린다. 신경세포들이 서로 반응하며 상호 접촉할 수 있도록 조정해주는 역할을 한다. 세로토닌은 심혈관계와 위장기관계를 맡고 있다. 수십 년간 연구 결과로 불안, 우울, 숙면, 통증자각은 세로토닌과 밀접하게 연관되어 있다. 행복물질로 불린다. 하루 30분 이상 걸으면 세로토닌이 분비된다. 세로토닌은 불안과 우울을 치유하는 행복 호르몬이다.

● 멜라토닌

멜라토닌은 편안한 수면을 도와주는 호르몬이다. 두뇌에서 생성되며, 처방전없이 보조식품으로 구입할 수 있다. 이 멜라토닌은 노화를 억제하는 물질이다. 멜라토닌의 생성은 어둠에 의해 촉발되고, 밝은 빛 속에서 억제된다. 멜라토닌은 수면을 유도하는 호르몬이다. 낮에는 그 수치가 0에 가깝다가 저녁 늦게는 최고로 올라간다. 이러한 자연스러운 생체리듬에 저항하면 피로 누적과 집중력 저하, 불안증세, 업무효율성 악화, 면역력 약화와 같은 다양한 부작용에 시달리게 된다. 지속되면 몸에 심각한 악영향을 미친다.

● 도파민

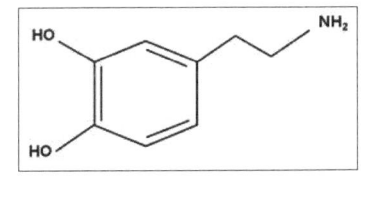

도파민은 뇌에서 동기, 보상, 쾌락 등을 관여한다. '꿈의 호르몬'이라는 별명이 붙은 도파민은 희망을 품거나 미래를 꿈꿀 때 왕성하게

분비된다. 걷기 운동을 해주면 도파민이 분비된다. 인간이 살아가는 의욕, 흥미를 부여하는 물질로 성취감은 도파민 분비로 활성화된다. 비디오 게임, 맛있는 음식, 도박, 사랑 등을 할 때 도파민과 신경전달물질이 분비되어 쾌락을 느끼게 한다. 도파민의 분비가 잘 되면 의욕과 흥미가 생기고, 성취감을 잘 느끼게 된다.

● 엔도르핀

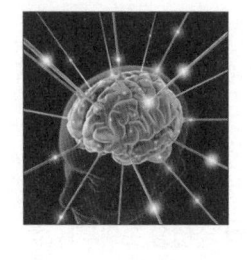

엔도르핀은 뇌 속의 마약이라 불린다. 기분을 상쾌하게 할 뿐 아니라 피부를 투명하게 가꿔준다. 기분을 상쾌하게 만들기에 쾌락 호르몬이라고 부른다. 엔도르핀 호르몬이 분비되면 얼굴은 즐겁고 행복한 표정으로 가득하다. 꿈과 희망을 그리면 호르몬이 분비된다.

● 노르아드레날린

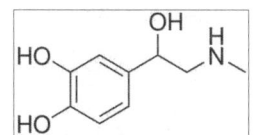

공포감을 느끼거나 몸이 스트레스를 받으면 충동이나 폭력 등 공격적인 행동을 유발하는 노르아드레날린을 분비한다. 이는 부정적인 감정을 불러일으키며 몸과 마음을 모두 병들게 하는 스트레스이다. 분노의 감정을 느낄 때나 활력이 넘침을 느끼게 하는 호르몬으로써, 노르에피네프린이라고도 한다.

● 모르핀

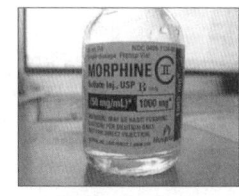

모르핀은 스스로 생산하여 신체의 고통 속으로 파고들어가 잠시나만 커다란 쾌감을 준다. 모르핀 공급이 중지되면 우리 몸은 엔도르핀이 부족해져 우울해지기도 한다. 모르핀 생산량이 부족하게 되면 몹시 고통스러워지고 온몸이 나른해지며, 불면증, 오한, 극심한 두통과 복통, 구토감 등 증상이 나타나게 된다.

● 사이토카인10

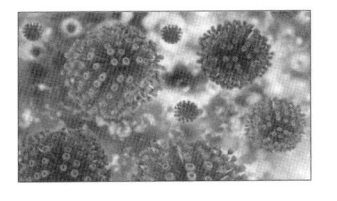

일정한 강도로 대퇴근을 압박하면 쇠퇴 호르몬인 사이토카인6이 분비된다. 사이토카인6의 분비량이 일정 수준을 넘어서면 이번에는 새로운 세포를 만드는 사이토카인10이 왕성하게 분비된다. 이는 뇌기능을 보전하고 활성화시키며 동맥경화 억제와 스트레스 완화 등에 효과가 있다. 이것으로 몸 속 장기가 활력을 되찾고 피부나 머리카락이 건강해진다.

● 뇌간

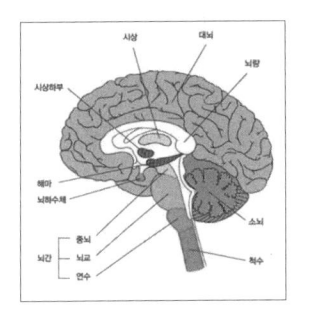

뇌는 크게 세 층으로 나뉘는데, 뇌간, 변연계, 대뇌피질이다. 뇌간은 뇌의 가장 아래쪽 척수와 연결되는 부위에, 변연계는 그 위쪽에 연결되며 대뇌피질은 변연계 전체를 감싸고 있다. 뇌간은 맥박, 호흡, 혈압 등 생존에 가장 중요한 대사 기능을 담당한다. 그리고 뇌간(뇌줄기, Brain stem)은 뇌에서 가장 오래된 부위이다.

● 우뇌 자극

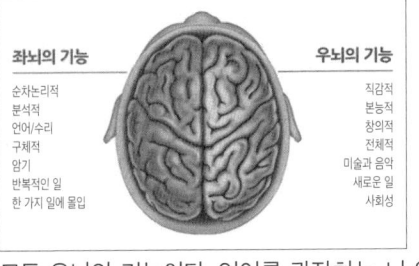

인간의 좌뇌와 우뇌 기능에는 차이가 있다. 좌뇌는 주로 논리와 언어를 담당하고, 우뇌는 주로 감각기관의 처리와 인지능력을 담당한다. 직감, 본능, 창의예술, 사회성 그리고 새로운 작업 모두 우뇌의 기능이다. 언어를 관장하는 뇌 영역은 좌뇌다. 그러나 외국어학습은 우뇌다. 우뇌는 직감과 창의력을 발휘하고 그 효능은 미래에 나타난다. 한마디로 즐겁게 머리를 쓰자. 뇌를 쓰면 젊은 호르몬이 분비된다.

● 에스트로겐

여성 성 호르몬 중 가장 중요한 역할을 한다. 난소에서 에스트로겐을 생성한다. 에스트로겐 촉진 식품을 많이 먹는 것이 좋다.

● 옥시토신

옥시토신은 흔히 '사랑의 호르몬'이라고 한다. 옥시토신은 일명 '친근물질' '애정물질'로도 불린다. 다른 사람과의 접촉 시 분비되며 친절한 행동에 특히 분비가 잘 된다. 성적인 관계나 출산 등의 상황에서, 스킨십, 농밀한 키스 등 옥시토신은 자연스럽게 분비된다.

● 코르티솔

코르티솔은 스트레스를 촉진하는 호르몬이다. 부신피질에서 분비되는 호르몬 일종이다. 적당한 분비는 우리 몸이 외부자극에 대응하는데 필요한 초대의 에너지를 생성한다. 혈압과 혈당을 높이는 역할을 하고, 염증 완화를 돕는다.

기본 질병에 대한 용어 이해

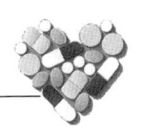

■ **암 :**

암(癌, Cancer) 혹은 악성종양(Malignant neoplasm)은 세포주기가 조절되지 않아 세포분열을 계속하는 질병이다. 암은 인체 세포가 비정상적으로 성장하여 정상 세포를 공격하고, 여러 기관으로 퍼져나가 기능을 손상시키며 죽인다. 특정한 바이러스들이 암을 일으킨다.

■ **면역 억제 :**

몸과 마음의 면역체계가 약화되어 감염이나 암 같은 질병과 싸우는 육체의 능력이 상실되는 것을 말한다. 우리 몸에 잘못된 항체를 만들어내기 때문에 면역 억제가 일어난다.

■ **발암물질 :**

발암물질은 일정한 음식과 일부 작업 환경 그리고 특정한 화학물질 속에 들어 있다. 대표적인 화학물질로는 담배, 석면, 염화비닐, 우라늄, 염료, 질산염 등이다. 방사선과 엑스레이에 노출되거나 오염된 공기와 물, 세척제에도 발암물질이 존재한다.

■ **T세포 :**

킬러라 불리는 T세포는 면역체계에서 질병을 감시하는 일을 한다. 스트레스는 T세포의 면역력을 약화시킨다. 즉 스트레스를 받은 육체는 바이러스와 발암물질에 감염되기가 훨씬 쉽다.

■ 고혈압 :

누구나 30세가 넘으면 고혈압을 신경 써야 한다. 이제 고혈압은 매우 흔한 질병이다. 자신의 고혈압과 관련해서 흥미를 갖고 관찰해야 한다. 비정상적인 심리적 자극이 고혈압 발생에 일정한 영향을 끼친다. 특히 만성적인 스트레스에 노출되면 혈압이 높아질 가능성이 높다. 그리고 음식을 통해 소금을 많이 섭취할 때 고혈압이 높아질 수 있다. 지나친 염분 섭취를 삼가는 것이 필수다. 그리고 자신의 식습관을 섬유질이 풍부한 과일과 채소 위주로 바꾸는 것이 좋다. 스트레스를 받아 신장에서 코를티솔과 아드레날린 같은 호르몬이 생성되면 혈압이 올라가게 된다.

■ 뇌졸중 :

혈관의 경화와 악화가 원인이 되어 뇌졸중이 일어난다. 뇌졸중은 뇌로 가는 혈관 가운데 어느 하나가 막히거나 파열될 때 일어난다. 혈관이 파열되고 막히면 근육의 약화, 시각과 언어 장애, 여러 감각기관의 손상을 일으키고, 심각하면 육체의 마비와 사망까지 초래한다.

■ 비만 :

비만은 신진대사 질환이다. 자신의 이상적인 체중에서 10%를 초과할 때 비만이라고 할 수 있다. 비만은 건강에 해로울 뿐 아니라 많은 질병에 걸리게 한다. 심장질환, 관절염, 폐장애, 고혈압, 담석, 당뇨, 암 등과 분명히 연결되어 있다.

■ 위장과 장질환 :

이는 매우 흔한 질병이다. 스트레스를 받으면 안절부절 못하고 장이 꼬이는 듯한 느낌을 경험하게 된다. 장을 이루는 자율신경계를 통해 다양한 신경과 연결된다. 마음의 상태와 감정적인 문제는 소화기에 영향을 준다.

■ 궤양 :

위장의 내벽은 위장 안에서 생성되는 염산에 의해 보호받는다. 이러한 방어벽이 붕괴될 때, 소화기가 계속 악화된 상태가 바로 위궤양이다. 위액의 분비는 감정의 변화에 의해 큰 영향을 받기 때문에 궤양은 스트레스를 받는 동안 일어난다. 궤양은 쉽게 경직되고 긴장하는 사람들에게 자주 일어난다.

■ **과민성대장 :**

이는 소화기질환이다. 스트레스를 받고, 신경증의 성격을 갖고 있으며 아랫배에 통증을 느끼고 변비와 설사를 반복한다. 이 역시도 마음의 상태가 육체에 영향을 미치는 현상이다.

■ **수면과 불면증 :**

수면은 몸과 마음을 충전시키는 역할을 한다. 불면증의 일반적인 원인은 신경과민과 걱정과 불안감, 죄의식 등 이다.

■**스트레스 :**

스트레스는 모든 질병의 요인이다. 그래서 스트레스를 잘 대처하는 마음가짐과 적응능력이 중요하다. 스트레스는 마음에서 몸으로 가는 길을 따라간다.

■ **우울증 :**

우울증(depression)은 기분장애의 일종이며 우울한 기분, 의욕, 관심, 정신 활동의 저하, 초조(번민), 식욕 저하, 불면증, 지속적인 슬픔·불안 등을 특징으로 한다. 감정을 조절하는 뇌의 기능에 변화가 생겨 '부정적인 감정'이 나타나는 병이다.

■ **호르몬결핍 :**

세로토닌과 멜라토닌은 우울증의 원인으로 지목되는 대표적인 물질들이고 이들뿐 아니라 도파민, 노르에피네프린 등 신경과 관련된 여러 가지 호르몬이 우울증에 영향을 미친다. 우울증은 도파민, 세로토닌, 노르에피네프린 등 신경전달물질의 화학적 불균형으로 일어나게 된다

저자가 읽은 참고문헌 및 전문 사이트

❖ 저자가 오랜 시간 생활건강과 우울증, 스트레스 등을 연구하면서 읽거나 소장하고 있는 도서들이다. 중요 내용을 인용시 동의를 얻었고, 출처를 밝혀 내용을 엮었다. 혹 동의나 출처가 누락된 것은 확인되는 대로 절차에 따르겠다.

- 100세 혁명, 존 로빈스, 박산호 역, 시공사
- 스트레스 보이지 않는 그림자, 크리스토프 앙드레 외, 김용채 역, 궁리
- 요가와 명상 건강법, 딘 오니시, 장현갑 장주영 역, 석필
- 20년 젊어지는 비법, 우병호, 모아북스
- 내 몸 안의 주치의 면역학, 다다 도미오, 하기와라 기요후미, 황소연 역, 전나무숲
- 암:만병의 황제의 역사, 이한음, 까치
- 내 몸 안의 지식여행 인체생리학, 다나카 에츠로, 황소연 역, 전나무숲
- 스트레스 치료법, 한광일, 삼호미디어
- 몸이 따듯해야 몸인 산다, 이시하라, 김정환 역, 삼호미디어
- 따뜻하면 살고 차가워지면 죽는다, 김종수, 중앙생활사
- 만병을 낫게하는 두한족열 건강법, 김종수, 중앙생활사
- 면역의 힘, 아보 도오루, 오니키 유타카, 이진원 역, 부광(2007).
- 면역혁명, 아보 도오루, 윤미연 역, 부광(2013).
- 다비드 세르방-슈레베르, 치유, 역 정미애, 문학세계사(2004)
- 암과 싸우지 말고 친구가 돼라, 한만청, 시그니처(2017)
- 리더의 자기암시법, 데이비드 슈워츠, 역 강성호, 아름다운사회(2004)
- 된다 된다 나는 된다, 니시다 후미오, 역 하연수, 흐름출판(2008)
- 옥시토신의 힘, 이시형, 이지북
- 감사의 힘, 뇔르 C.넬슨, 지니 르메어 칼라바, 역 이상춘, 한문화(2004)
- 세로토닌의 비밀, 캘롤 하트, 역 최명희, 미다스북스(2010)
- 스스로 치유하는 뇌, 노먼 도이지, 역 장호연, 동아시아(2018)
- 세계사를 바꾼 10가지 약, 사토 겐타로, 서수지 역, 사람과 나무사이

- 내 몸 치유력, 프레데리크 살드만, 역 이세진, 푸른숲
- 굿바이 스트레스, 이동환, 스타리치북스
- 젊음의 법칙, 사토 도미오, 역 김효진, 책읽는 수요일
- 치유, 루이스 L. 헤이, 역 박정길, 나들목
- 기적을 부르는 뇌, 노먼 도이지, 역 김미선, 지호
- 국가, 플라톤, 천병희 역, 도서출판 숲
- 행복의 조건, 조지 베일런트, 역 이덕남, 프린티어
- 뇌내혁명, 하루야마 시게오, 역 반광식, 사람과 책
- 유전자 혁명, 무라카미 카즈오, 역 김원신, 사람과 책
- 감사의 재발견, 윤국, 모아북스
- 의사가 말하는 자연치유력, 가와시마 아키라, 이진원 역, 삼호미디어, 2014.
- 스트레스 보이지 않는 그림자, 크리스토프 앙드레 외, 김용재 역, 궁리
- 이시형 박사, '옥시토신의 힘', 이지북
- 스트레스:당신을 병들게 하는 스트레스의 모든 것, 로버트 새플스키, 역 이재담, 이지윤, 사이언북스(2008).
- 75년에 걸친 하버드대학교 인생관찰보고서(행복의 조건), 조지 베일런트, 감수 이시형, 역 이덕남, 프런티어(2016).
- 스스로 치유하는 뇌, 노먼 도이지, 장호연 역, 동아시아, p.447-457.
- 국가, 플라톤, 천병희 역, 도서출판 숲, p.92.
- 다비드 세르방-슈레베르, 치유, 역 정미애, 문학세계사(2004), p 20.
- Goldeman, d. (1997), L'intelligence emotionnelle, Paris, Robert Laffont.
- 제랄린 헉슬리, 매트 위비컨, 앤디 워홀 타임캡슐, 역 김광우, 미술문화(2011), p6.
- 100세 혁명, 노진섭, 시사저널사, 2017.
- 영국인 의사 제임스 파킨슨(James Parkinson)가 1817년에 발표한 논문 "An essay on the shaking palsy" 자료를 참고하였다.
- 브라이언 딜런, 상상병 환자들, 작가 정신, 역 이문희, 2015.
- 말투 하나 바꿨을 뿐인데, 나이토 요시히토, 역 김한나, 유노북스.
- Goldeman, d. (1997), L'intelligence emotionnelle, Paris, Robert Laffont.

- Tomatis, Conscious Ear,
- David Lewis, IMPULSE (Random House Books, 2013)
- 암, 자연치유 이렇게 하라, 최현정, 미다스북스
- 호흡기도, 정원, 영성의 숲
- 100세 혁명, 미오싱 니, 김정미 역, 부광

참고 웹사이트

중앙일보 : https://news.joins.com/article/5262151
기사 : https://cebuin.com/column/view/14160
www.normandoidge.com
서울대학교병원 사이트
http://www.snuh.org/health/encyclo/view/16/1.do
위키백과, 우리 모두의 백과사전.
https://ko.wikipedia.org/wiki/%EB%87%8C
감사나눔신문
http://www.gamsanews.co.kr/news/articleView.html?idxno=5879
https://www.naver.com/ 사전
국민건강보험
http://hi.nhis.or.kr/main.do
풍수지리연구회/학술활동
http://www.poongsoo.net
서울대병원 건강정보
https://www.snuh.org/main.do

[세미나]

- 100세 생활건강 관리지도사 과정

- 신이 내려준 명약
  100세 건강혁명

- 뇌내 혁명 + 호르몬 이야기
  NK 세포, 면역력 강화

정병태 박사

100세혁명 자기치유력 연구소

jbt6921@hanmail.net

010.5347.3390

신이 내려준 자기치유력 혁명
코로나19 이기는 NK면역 주치의

2020년 10월 9일 초판 1쇄 발행

지 은 이 정병태
이 메 일 jbt6921@hanmail.net
디 자 인 디자인이츠
펴 낸 곳 한덤북스
신고번호 제2009-6호
등록주소 서울시 영등포구 영중로8길 6 성남빌딩 404호
팩   스 (02) 862-2102

ISBN 979-11-85156-21-7 03320
CIP 제어번호 CIP2020040412
정가 17,000원